宴 会 大 厅

小 型 餐 厅

零 点 餐 厅

收 银 吧 台

中小餐馆经营100法

佟长有　编著

金盾出版社

内 容 提 要

这是一本专门为中小餐馆经营管理者，以及准备从事这一行业的人士而编写的书。书中从餐馆的选址、员工的招聘，直到桌卡的使用、上菜的顺序等各方面，详细介绍了如何搞好餐馆经营管理的具体办法与有效措施。本书内容详实，通俗易懂，实用性强，对于餐馆的经营管理工作具有很高的指导价值，是广大餐馆经营者不可多得的工具书。

图书在版编目(CIP)数据

中小餐馆经营 100 法/佟长有编著．—北京：金盾出版社，2003.11

ISBN 978-7-5082-2705-4

Ⅰ.中…　Ⅱ.佟…　Ⅲ.餐厅-商业经营-通俗读物　Ⅳ.F719.3-49

中国版本图书馆 CIP 数据核字(2003)第 091482 号

金盾出版社出版、总发行

北京太平路 5 号(地铁万寿路站往南)

邮政编码:100036　电话:68214039　83219215

传真:68276683　网址:www.jdcbs.cn

彩色印刷:北京 2207 工厂

黑白印刷:北京四环科技印刷厂

装订:科达装订厂

各地新华书店经销

开本:850×1168 1/32　印张:5.25　彩页:4　字数:133 千字

2008 年 1 月第 1 版第 3 次印刷

印数:28001—31000 册　定价:8.00 元

前　言

改革开放以来，尤其是近几年，随着国民经济的快速发展和人民生活水平的普遍提高，餐饮业也同时获得了迅猛的发展，从南到北，从城市到乡镇，大大小小的餐馆如同雨后春笋般地不断涌现。其中，有的因经营有方而生意红火，客流滚滚；反之，有的则因管理不善而生意清淡，以至被迫关门。究其原因，归根到底，主要就是一个经营管理问题。面对如此激烈的市场竞争，如何通过科学的经营和严格的管理把餐馆办好，使自己永远立于不败之地，则是当今每一个餐馆经营者最为关注、最需要帮助解决的问题。

正是根据广大餐馆经营者的这一迫切要求，我们特约请谙熟餐饮经营之道的佟长有同志编写了这本《中小餐馆经营 100 法》。作者凭借自身从事餐饮工作多年的实践经验，以及对这一行业的深入了解，从餐饮一线管理者的角度，将经营管理中的重大事项及其需要注意的各种具体问题，一一作了深刻而又具体的阐述。来自于实践的经验之谈，最切合实际，也最管用。本书就像一位老师，他把餐馆开办中的各种问题，大到经营方针、选人用人、成本核算，小到餐厅布置、桌卡使用、上酒技巧，均作了详细交待，使人一看就懂，一目了然。本书又像一位顾问，他将帮助你抓住餐馆经营管理的要害，解决经常遇到的各种困难与矛盾。

本书面对改革开放的大潮，立足于餐饮市场及广大消费者的实际需求，以通俗的语言，道出了餐馆经营管理者必须遵循的一些基本法则。贯穿全书的先进的经营理念，创新的经营意识，独到的经营技巧，将使你抢占先机，永远立于不败之地。本书无论对正在从事餐饮业的经营管理人员，还是对准备涉足这一行业的人士，都是一本不可不读的参考书。

由于水平所限，书中难免有疏漏之处，恳望读者指正。

编 者

目　录

一、餐馆的选址及设计与装修

1. 餐馆位置的选择

开餐馆如何选择一处合适的地理位置，是每个懂得经营的业内人士首先考虑的问题。因为选择位置的优劣，将对今后的经营发展起着决定性的作用和影响。

有些经营者由于餐饮营销经验不足，单凭个人主观臆断，草率决定餐馆的选址，结果给企业的经营带来许多想象不到的麻烦，到头来不但客源难寻，甚至会造成严重的亏损。

开餐馆选址，要方便顾客，有利于经营，周边条件较为优越为好。尤其随着现代化文明都市的不断发展，消费者对就餐环境和地理位置有更高的需求。这就要求餐馆选址最要紧的是店址周边环境要清洁卫生，无噪音无废气等污染，店面前应适当装点花坛、草地，绿化达标。

选择开餐馆的地理位置当然以靠近交通主干线的街面为更好，或者是选在城市主要繁华商业街。因为这些地区是寸土寸金，不但人气旺而且街面条件也相对优越，地面平坦、干净，没有积水和杂物。由于位置突出而明显，很容易被顾客发现和找到。有这样条件的餐馆，用餐者的自行车和其他车辆有宽敞的地方停放，既方便又有专人管理，顾客用餐时心里踏实。

除在较知名或繁华的地区开餐馆外，一些有丰富客源和人口相对集中的其他地区也可考虑利用。如机场、车站、校园、小区等也是尚好的选择。开餐馆能选在客源充足、回头客较多、人气较旺的

“饮食一条街”,当然更胜一筹。因为这些地区是顾客认定的餐馆扎堆的地方,尤其许多年青人喜欢在这种热闹的环境中消费。一是凑热闹;二是餐馆之间在经营上会有个可比性和竞争。这些对消费者有很大的吸引力。比如北京白塔寺地区,有数家经营羊肉系列的馆子,涮羊肉、烧羊肉、羊羯子等凡是羊身上的东西都卖。而在这里用餐的回民多,餐馆的密度也相当可观,号称“羊肉一条街”,结果是家家生意火爆。再如东直门内簋街号称家常菜“麻小①一条街”。再如新华街卖朝氏、日氏等“烧烤一条街”等等也都是家家生意红火,高朋满座,兴旺的不得了。

总而言之,对于初次经营餐馆,在选址上必须注意两点:一要提前实地考察调研,可向当地同行了解一些具体情况,掌握第一手资料后再斟酌决定,切勿仓促从事;二要事先找餐饮业专家共商大计,以求得有经验的业内人士指导和帮助,尽量做到选址与经营万无一失。

2. 选址要考虑周边环境和就餐对象

开餐馆选址要考虑周边的环境和就餐的对象,这些都是十分重要的。只有考虑成熟了,才可以确定相关的装修档次、经营的内容、菜肴的价格、营业的时间等等。

(1)商业区选址

在城市中选择商场或商业大厦周边开餐馆应该是不错的。因为这些地方购物人群广泛,客源也相对丰富。虽然这些人群是以购物为主,但也有一部分人需要休闲和就餐。针对有些顾客购物时间紧迫,餐馆的经营内容应以中、西餐和快餐形式为主。因为这些群体在就餐过程中不太注意菜品的价格高低和烹饪水平,多数菜品基本都能接受。而最喜欢就餐环境卫生、洁净、舒适,喜欢菜的内容

① “麻小”为“麻辣小龙虾”的简称。

新、奇、特，以及时髦的创新品种，并且有可选性。在用餐方法上要求简单，时间上求一个“快”字。所以选择在这样的地区开餐馆，应以中式快餐或大排档形式为好。

(2)办公区选址

所谓办公区是指公司办公楼、写字楼及一部分饭店等，有许多单位的办公地点，一般是临时租用的，很少备有食堂，而附近有的饭店备有餐厅，这些人也常喜欢到周边用餐他们主要是白领阶层，其中有老总或高级职员，他们的经济实力丰厚，一般用餐消费不太注意价格，但很关注饭菜的质量。在这种地区选址开餐馆，应着重从管理水平、技术水平和服务态度上多下功夫。即应从三方面来做好工作：一是餐馆的经营应以中、高档为主，有特色，以主菜系列为供应的主体，以满足他们平日的商务会谈、请客、谈判的需求。无论何种风味都要求菜品质量及技术含量是上乘的。二是要求就餐环境干净、整洁，装修的高雅有特色。三是在高中档菜肴的基础上，相应地供应一些中低档的品种，以满足一般职员和员工的需求。

(3)居民区选址

在居民住宅群和新建小区经营餐馆。目前，随着人们生活水平的不断提高，到餐馆消费已成为时尚，尤其是节假日家庭聚餐、生日宴席是平常事。为了满足居民区就餐对象的需求，餐馆环境要朴实无华、干净明快，经营的品种应多样化，多开办一些家常菜、烤鸭、饺子、小吃等百姓喜欢的菜品。要求质高价低，菜量十足，经济实惠并有新意，适合工薪阶层的需求。

在居民小区选址开餐馆，应按照有关城管、卫生等部门的要求去办。注意厨房的排烟以及噪音等可能给居民带来的生活不便，在选址时就应照章办事，以适应环保的有关规定。

(4)学生区选址

在大学院校内部或周边地区选址开餐馆，也会有可观的经济效益。因为除了学生寒暑假期以外，餐馆的经营不会出现什么旺季和淡季之分，较为平稳，有一定的规律。因为这部分人群除了每天在校的正常伙食外,多数经济条件较好的教职工和学员还要到校内外社会型餐馆去消费,这已是显而易见的事。针对在校大学生及员工常会举办各种社团聚会餐和其他交际活动,这里的餐馆经营应从以下几方面加强:一是开办餐厅不要距离校园太远,餐厅的营业面积相对应宽敞而明亮,装修虽不豪华但要得体。二是供应品种应广泛多样,南甜北咸、东辣西酸应有尽有,要尽量照顾到大多数教学员工的口味和生活习惯。三是餐馆的营业时间应适当延长,使他们不受用餐时间的限制。

中小学校周边所建餐馆则应考虑到他们的经济条件和用餐特点,要集中力量保证学生的早餐和午餐的供应,尽量安排些经济实惠的营养型的配餐。对于学生要求的菜品份量要大致够吃,做到荤素搭配,价格便宜,使大多数都能接受。

3. 选址应避开市政设施建设的影响

选择开餐馆的周边地区,要尽量避开市政施工或绿化工程。尤其是租赁的餐馆应确保其不在拆迁红线范围内,事先要走访有关部门,详细调查核实后方可决定。切记盲目从事,否则会造成不可弥补的损失。

例如,有一家面馆的老板第一次搞餐饮,他租赁了一家临街正在营业的门面餐馆,此餐馆无论从餐厅营业面积、地理位置以及租金等都非常理想。而且店面前离马路尚有20米宽的路面,不仅有足够的停车位,也可搞夜市经营。事情谈妥后老板花了大量资金搞装修,增添设备。但此店经营还不到半年,因在国家规定的拆迁范围之内,被拆迁了,老板受到比较大的经济损失。这就说明选址是一项很重要的工作,要想不失误应做到:一是在选择店面后应首先考虑房屋的具体归属单位或个人,向有关部门咨询此处有无拆迁事宜。二是在与对方签定合同中,应尽量详细,并设计和考虑的周全一些、具体一些,以防上当受骗。

在选择餐馆位置时，应尽量调查清楚餐馆周边的情况，诸如有否道路施工、通讯光缆修复、天然气工程的引进以及绿化等工程。避免在餐馆经营红火时，遇到难以预料的情况，造成路难走车难停的窘境。不但严重影响正常营业和经济效益，而且也会失去不少人气。

此外，还应对餐馆内部有关市政设施情况有所了解，其规模、设计、位置以及使用功能是否合理。如天然气、上下水道、电力的使用上是否方便，有无故障等。餐馆在选址前有关设施的具体情况必须在考虑之中，以防在开业经营中出现问题，造成损失。

4. 中小餐馆的装修应大众化

中小餐馆服务的对象，包括社会各阶层人士，一般以广大工薪阶层为主。所以，它的装修从表至里，既要有文化品位能突出自身经营的主题，又要符合大众化。

有些经营者在装修餐馆前，总想将店铺设计得更豪华、更现代，能在激烈的商海竞争中受到消费者的欢迎，结果往往事与愿违。不根据自己餐馆的具体情况，因时因地的灵活掌握装修的内容和档次，过分强调豪华，而忽视了文化品味和大众化的构思，不会收到好的效果。

比如，在某社区或大专院校周边开餐馆，内外装修都典雅华丽、店门面描金画银，飞檐斗拱，朱红圆柱、古色古香。门前两位打扮花枝招展、身装旗袍的小姐临门相迎、相送，保安人员官服以待，来回渡步寻视。在此地区像这样大投资的餐馆，用餐顾客却寥寥无几，原因是顾客惟恐店大欺客。实际上就是装修没有考虑周边环境，不符合就餐人群的具体情况。没有考虑到就餐对象的经济实力。

又比如有几家家常菜馆，其业务都非常红火，就因为他们都有一个共识：那就是大众化的经营理念。他们经过多次社会调查后，决定装修店面各有特色，总的一个共同点就是大众化的装修，雅俗共赏。除了菜品丰富、菜量较大、经济实惠、上菜迅速等特点外，装修风格也朴实大方，不事张扬，能为百姓所乐于接受。

说到他们的经营理念和装修效果，都能贴近普通家庭、学生、机关干部，并为他们所赏识。结果这几家家常菜餐馆创造出较高的经济效益，在全市乃至全国都榜上有名，有的还列入全国百强企业。

当然作为中小餐馆在装修方面根据自己的经济实力，该讲究的还应讲究，但别忘记了你的上帝的具体情况。

其一，要看你的店址以及周边环境。

其二，要看经常光顾你店就餐人群的经济实力、消费欲望和文化底蕴。

其三，要根据你经营的特色与档次，掌握好装修规模，这个度应由经营者把握和确定。

5. 餐馆前厅的面积要适宜

餐馆的营业大厅，也被称之为前厅，一般是供来店用餐的零散顾客享用的场所。其中店堂装潢设计的优劣，厅堂的高度是否合理，灯光的亮度是否适宜，店堂面积的大小，都直接影响消费者的就餐心情及对顾客的吸引力。实践证明，如果前厅面积在设计上缺乏充分的构想及合理性，将会失去很多顾客光临用餐。

餐馆的外观、色彩以及装饰，都因经营内容的不同而有所区别，但一般作为餐馆的前厅都应宽敞、明亮。其高度应不低于3米。

经营不同风味菜品对其前厅面积的要求也有所不同，比如经营烤鸭、家常菜的餐馆，由于菜品丰富、上菜程序复杂、客流量大，设计这样的前厅面积最小不应少于400平方米。否则顾客多，就餐面积过小，会使顾客感到杂乱无章，影响就餐的心情。同时，在混乱环境中工作的服务员也会感到手忙脚乱易出事故。

如果是经营一家不大的小吃店或快餐面馆，由于前厅桌椅较为固定，供应品种也较为单一，在顾客用餐方式上也不必服务上桌。他们整体就餐时间较短，翻台率又高，这样的餐馆其前厅的面积可大可小，一般最低不应少于100平方米。

而在商场、大厦内开设的快餐厅或大排档，由于一家一店，风味各异，相应的品种繁多，顾客在选择品种时随意性较大。在这种环境中就餐的人群，一般为购物休闲者，他们既要用餐也要休息。这种餐厅的客流量相当大，其面积相应的要宽敞些，以不低于1000平方米或者更大些为宜。

个体小型餐馆或者夫妻店，由于供应内容简单，顾客流量有限，只要按国家对餐饮业经营面积的有关规定，不低于50平方米就可以了。

在餐馆经营中注意前厅面积的同时，也应尽量考虑前厅通道的设计，通道是服务员和顾客必经之路，尤其是对服务人员，通道相当重要。选择的通道位置一定要合理，以流畅方便安全为原则。行走路线应为直线，避免通道有曲线、弯线，这样既方便顾客行走，同时也会减轻服务人员的劳动强度。

6. 餐厅用具的选择与摆放

餐厅用具的正确选择及合理摆放，也是与餐馆的营业内容紧密联系的。首先是要体现餐厅的风格，然后才是讲究实用价值，经营者务必考虑周全。

餐厅的用具主要以餐桌餐椅为主，餐厅在选择购进餐桌餐椅的同时首先应考虑其品牌样式，一定要与餐厅的装修风格相互协调，防止中不中、西不西，不伦不类的现象出现。在摆放时应突出空间分割和平面处理，既美观大方，又线条流畅。讲究摆放的实际效果，使整体环境布置的协调。

(1)用具的选择

用具的设计、选材和使用，均能体现餐馆的整体档次和气氛，并直接影响顾客就餐的情绪以及满意度。一般来讲，餐馆档次越高，用具的材质、做工以及款式，都会比一般餐馆略高一筹。如高级的粤菜馆，都选用高档木质的桌面，铺高档带裙台布和雕花靠背带套软椅。

普通餐馆通常都选用一般木质或合成板加工的长方桌、方桌，坐椅以靠背椅为主，其颜色多为中性的栗色或黄色。只有民俗气氛较浓的老北京风味餐馆，一般喜用八仙桌、长板凳，或一色的紫檀风格。还有不少快餐厅，则喜欢选择连座塑料椅、塑料桌，如肯德基、麦当劳、艾得熊、罗杰斯等洋快餐，其中色彩红、兰、绿各不相同，显得餐厅里既美观又洁净。

无论用什么质材、颜色和款式的用具，其桌椅高度和其他尺寸一定要合理，才能使顾客就餐时感到舒服、方便。例如，桌子不应高出 78 厘米，不低于 75 厘米。椅子背高应 85 厘米至 90 厘米，座面距地面应为 45 厘米。

(2)用具的摆放

餐厅中的餐桌餐椅品种很多，尺寸各异。如大圆桌、中圆桌、小圆桌、长方桌和方桌。

由于圆桌面的直径不同，使用人数也不一样。 直径 2.4 米至 2.5 米可供 20 人或 24 人使用。 直径 2 米至 2.2 米可供 14 人使用。 直径 1.8 米可供 12 人使用。 直径 1.6 米可供 10 人使用。直径 1.3 米可供 8 人使用。 直径 1 米可供 6 人使用。

小方桌：0.8 米×0.8 米可供 4 人使用。

长方桌：1.2 米×0.6 米可供 4 人使用。

中方桌：0.9 米×0.85 米可供 2 人～4 人使用。

以上各类不同尺寸的餐桌的高度均为 75 厘米。

在安排餐厅桌面、座位时，还应考虑好每个座位平均占用面积的大小，安排好零点餐厅和宴会厅的面积。方法如下：

零点餐厅 1.5～1.7 平方米/座。

宴会厅 1.6～1.8 平方米/座。

平均每个餐位所用的面积确定以后，再确定各种不同餐厅应设立多少餐位。

即餐厅或宴会厅餐位数＝餐厅总面积÷餐位平均面积。

例如，某个餐馆前厅总面积为 240 平方米，现知零点每个座位应占 1.5 平方米的面积，求本餐厅一共可以设立多少人的座位：

240 平方米÷1.5 平方米应等于 160 个座位，

如果求应放四人就餐桌，应放多少个桌：

1.5 平方米×4(人)＝6 平方米

240 平方米÷6 平方米＝40 桌位

关于摆放还要根据餐馆的具体情况和位置，因地制宜安排餐桌之间的距离，确定好通道的位置和宽度。总之摆放的桌椅不易过松或过紧，以顾客出入方便为原则。有些经营者从经济利益出发，总愿意在零点餐厅多加些大圆桌(8 人至 10 人)，但一般顾客如果是 3 至 4 个人，都不喜欢搭桌而座，不习惯与其他不认识的顾客共同就餐，结果大桌无人问津，反而造成了空间浪费(特殊情况另议)。

一般前厅零点应多安排四人就餐的方桌，或者四人至六人用的长方桌，既方便顾客又可多设些餐座充分利用空间，更多地增加其效益。雅间和宴会间应根据房间的具体面积，适当安排不同规格的圆桌，以方便聚会宴请的宾客使用。

(3)其他用具的设置

餐厅中除了餐桌、餐椅是必备的以外，还要根据餐馆档次和规模，添置必要的其他用具。比如，服务员为了工作方便应设立宴会接手桌和零点接手桌，以便存储备用的勺、筷、酒杯、汤碗等餐具，随时方便顾客使用。有条件的餐馆还应增设挂衣件以及宴会间的鲜花架、各式沙发。这样会使顾客用餐时有宾至如归的感觉，既方便了顾客同时也上了档次。

7. 前厅其他用品的设置

中小餐馆开业之前，需要购置大量的物品。就餐厅而言，除必要的设备如餐桌、餐椅、空调等外，还必须准备大量的为顾客直接服务的物件和各种用具。由于种类繁多，购置之前往往容易疏漏，但切记不要忘记以下用品：

(1)转台

转台也称转盘，为一般宴席酒席或会餐时，十人以上圆桌面上放置使用的。为的是方便就餐顾客，将菜放在转台上转动菜品。这种设备既方便宾客之间相互礼节的让菜，增加宴席中的气氛，也可使宾客自便享用，达到满意的效果。转台一般为透明或咖啡色玻璃制品，其底座装有轴承，用时轻轻拔动盘面，所需菜点就会转到顾客面前。更加随意更加卫生。

(2)玻璃器皿

主要是餐馆所需用的各种玻璃环：如水杯、白酒杯、红酒杯、鸡尾酒杯、啤酒杯以及冰淇淋杯等。这里需要说明的是，选择这些玻璃杯时应注意：要杯体端正、造型不偏不歪，杯体薄厚一致、无气泡、洁净无外伤的为宜。

(3)瓷器

瓷器是我国餐饮业较为传统的食具产品，以江西景德镇和山东淄博所产为多。其中包括瓷制餐具、茶具、花瓶等。餐厅需要备用的有骨碟、小6寸平盘、烟灰缸、口汤碗、大汤勺、调羹、牙签桶、筷子架、茶壶、盖碗、调味碟、五味瓶等。所用瓷器应颜色、花纹、质地一致，统一配套，规格齐全，如有条件或够规模应烧制店名或店徽，以突出个性。

(4)布件

一般餐馆常用的布料制品举不胜举，但每一种布件的用途都应根据餐馆的档次去配备。比如窗帘或沙帘的颜色、质地、造型、图案都要与前厅的风格协调才行。台布备有6尺台布、5尺台布和4尺台布，其中颜色也要对应餐馆的经营特色才能确定，比如餐馆经营的宫廷菜应用黄色为宜，如经营一般家常菜均以白色为宜，显得大方得体。有条件的餐厅应备有餐巾布（口布），颜色应与台面的台布颜色相一致，以及小毛巾和各款式的座套、座垫等。

(5)塑料制品

有些中小餐馆为降低成本，常用一次性塑料台布，选用时应尽量选择较厚的。在选用料袋时，应选择食品专用料袋，既卫生又安全，使用起来顾客会感到方便满意。

(6)不锈钢用具

不锈钢器皿和餐具在我国使用时间较短，目前只是刚刚起步。前厅一般常用不锈钢刀、叉、鱼刀、鱼叉、四味架和不锈钢餐车等。不锈钢用品较为轻巧、美观、卫生、耐用，但价格相应较高，此种用品由前厅专人管理。

(7)托盘、酒起子

托盘是餐馆中跑菜员（服务生），将炒好的菜品、汤类、凉菜及点心等送至餐厅顾客面前的一种用具。有了托盘工作起来既方便安全，又合乎卫生要求，显得高雅规范。托盘质材一般分不锈钢托盘，胶木托盘，木制托盘等。形状有圆形和长方形之分。餐馆中选择胶木托盘的较广泛，因其质轻而耐滑，工作起来很顺手，不易出现事故。

酒起子是开启各种酒瓶的工具，但往往很容易被服务员忽视。由于工作前没有准备的习惯，在顾客用酒时找不到酒起子很是尴尬，不但使顾客感到不方便，甚至有时会引起顾客对服务员工作的不满。所以一般酒起子应由服务员自己保管使用。葡萄酒起子应专人保管，固定地方存放。

8. 中小餐馆的照明有讲究

餐厅中安装和设计各种照明灯具,一定要根据餐厅内部装修的具体情况,选择适合本餐厅需要来设计各种类型的照明设备。

一般餐厅的照明种类很多,如烛光、太阳灯、吸顶灯、射灯、节能灯、彩光灯等。由于照明部位的不同又可分为室内照明(顶灯、壁灯、吧台灯等)和室外照明(红挂灯、霓虹灯、彩喷广告灯等)。其中关于照明的色彩、亮度以及动感效果,均对就餐环境、就餐气氛以及顾客在用餐中的感觉,起着很重要的作用。

(1)室内光线照明

餐厅室内照明分自然光和室内灯光,一般无自然光条件的餐厅,白天也需用灯光进行照明。凡讲究些的餐馆,大厅多安装吊灯,无论是用高级水晶灯还是用吸顶灯都使餐厅感觉高雅和气派,但其造价确实可观。而大多数中小餐馆均以安装组合日光灯为宜,既经济又耐用,光线柔和适中,使顾客用餐时感到舒适。

有些中档餐厅或快餐厅也有安装节能灯作为吸顶照明的,俗称"满天星"。经验证明这种灯为冷色,其造价不低而且质量较差,其使用效果也非最佳。尤其是寒冷的冬季,顾客在此环境下用餐会感到阴冷,而且这种色调的灯光照在菜肴上会失去本色,本来色泽艳丽的菜肴顿时变得灰暗、混浊,难上档次,故节能灯不可取。

另外室内灯光的明暗强弱也会对就餐顾客有着不同的影响。一般在光线较为昏暗的地方用餐,使人没有精神,并使就餐时间加长。而光线明亮则令人精神大振,使就餐时情绪兴奋,大口咀嚼有助消化和吸收,从而减少用餐时间。

(2)室外光线照明

室外光线照明主要指餐馆外部环境如门面、广告牌的照明。通过餐馆室外照明,可以使消费者对餐馆的字号(店名)、经营的主要内容及其特色一目了然。如果缺少餐馆经营中的灯光效果,也很难吸引更多的宾客光顾，势必也会影响企业的经济效益。

北京商场上有句俗语叫作："日看幌子夜看灯"，就是说白天经营好坏全靠招牌，晚上经营要靠灯的亮度来招揽顾客。这也是一种做买卖的手段和经验之谈。

一般室外照明所选用的方法也不相同，其中有射灯照明、蹦灯（俗称逗你玩儿）、图案灯、霓虹灯以及各式灯笼等。尤其是大红灯笼，在节日中更显得喜庆、祥和，平日挂上红灯笼，远看既热烈又隆重，是招引顾客的民族传统艺术品。霓虹灯，尤其是制动型的更为绚丽多彩，红红绿绿煞是气派。

总之餐馆室外合理的照明，不但显示出企业的重要标志，而且能使企业档次提高。更重要的是让顾客增强对餐馆的注意力，吸引更多的顾客，从而创造更好的经济效益。

9. 餐厅装修对温度湿度与气味的要求

这里讲就餐环境不是指餐厅装修的如何豪华、高雅，或是用料高档的程度，而是顾客在用餐时，餐厅内的温度、湿度以及气味等要求。

一般说餐厅内的温度不是一成不变的。基本要求应是冬季暖和些，夏季凉爽些，大体上保持室内温度 25℃左右为宜。

一般老人、儿童及妇女适应环境温度要高于男性。壮年男性由于体质关系，温度稍低无妨，温度偏高反而头昏脑涨、烦躁不安。目前无论中小餐馆或酒楼、饭庄都设有空调，为了提高就餐环境的质量，提高用餐人的就餐舒适度和轻松的感觉，无论什么季节服务人员都应在营业时间前一小时，将空调打开提前做好冬天预热和夏天制冷的准备工作，给开业后就餐的顾客造就一个良好的环境，这也是增加客流量的因素之一。

湿度对于在餐厅就餐的顾客也同样会有影响，目前许多餐馆的经营并没有注意到这一点。尤其在北方或西北地区表现较为突出，该地区一年中的降水量少、风沙又多，这种干燥少雨的气候特点，对室内温、湿度造成影响，尤其冬季这种情况更为明显。

大家知道室内过于干燥，可使青年人、儿童心烦意乱。在餐厅内应注意此现象，可在营业前尽可能将地面墩湿，有条件的餐厅可用加湿器或其他方式增加餐厅的湿度，给就餐顾客一种比较湿润清新的感觉。另外还可以多购制些绿色盆栽植物，既美化餐厅环境增加美感又可调解湿度，一举两得。

餐厅中气味不佳，也是中小餐馆的通病。这种现象会直接影响顾客的食欲，影响健康。有些餐馆一进门就会感到酒气熏天、烟味呛人，长期不换气，不清洁的混合气味会给顾客带来不同程度的反感，这样的餐馆虽然装修的豪华，又怎能留住回头客呢？

所以建议为了减少餐厅不正常的气味的出现应做到：其一，餐厅和雅间要设排风设备，由专人管理保证经常通风换气。其二，要经常打扫、冲刷餐厅各个角落，有条件的应定时打开门窗通风。其三，定时喷洒消毒液及空气清新剂，以消灭细菌消除掉异味、调剂空气。其四，餐馆卫生间应设在远离前厅的位置，并有专人打扫并放除臭剂或点燃卫生香，凡有异味的物品和垃圾不得进入餐厅以防污染空气。

为顾客创造一个好的就餐环境不是一句空话。必须从实际出发，认真对待，做点实事，真正心中有顾客，做好以上几件事就不难了。

10. 餐厅的声像装置

当今声像设备不但走进了家庭和社会，而且也大批运用到服务行业之中。比如，公交车上的闭路电视，能解除旅途中的疲劳，能缓解坐车的单调和乏味。餐馆中的声像、各种就餐的配乐和其他音响也能提高餐馆的文化品位，以期顾客就餐得到满足和享受。

餐馆配备各种不同风格的声像内容，实际上是一种饮食文化的再延伸。目前餐饮业的迅速发展,使得餐馆设计的卡拉OK早已无法满足顾客的需求。人们就餐时所用的那种喧闹、刺激的音像效果已经变换为平和、安静了,而今日的餐馆声像又会具有多种用途和使用方式。结婚仪式、给老人祝寿、团体聚会、同学聚会等都会有即席讲话、简短的祝辞、祝酒,都需要音乐助兴。餐馆不仅要有必需的音响效果去保证每项工作,而且要求越来越高。

当今各种不同层次的餐馆虽说经营内容不一风味各异,但都在利用不同的方式,运用声像技术,体现饮食文化的高雅和文化内涵,从而起到了调剂环境、增加用餐人的情趣,以扩大销售,增加经济效益。

比如,一些有着浓郁农家风情的餐馆,用音响奏出评剧"小二黑结婚"、"刘巧儿"等曲目,使喜好乡土气息的顾客甚感满意。一些装修成老北京胡同或大杂院的餐馆,均以北京单弦、京韵大鼓等京味文化做背景音乐,来满足老北京人的心里需求。还有些粤菜馆,在现场由乐队弹拨紫竹调、步步高、喜洋洋等广东音乐,突显出幽雅悦耳、轻松快活的南粤风情。

总之,在餐馆中增设一些声像设备,使顾客在用餐过程中得以调剂情趣、调和气氛、增加食欲。所以根据不同的经营内容、风味,适当配备幽雅、健康流行音乐和其他的音像娱乐内容来营造就餐的文化氛围,是当今餐饮业取得经济上更大收益的较为超前的举措之一。

11. 厨房内装修布局设计重点

餐馆的厨房是生产饮食产品的惟一场所,同时也是厨师利用这个场所发挥才智和技艺的基地,合理的厨房设计布局关系到菜品质量,在生产中尤为重要。

厨房布局设计合理得当,不但能提高厨师的工作效率以降低劳动强度,而且会使工作高度紧张中的心情得到愉悦。由此看来在厨房内的装修和布局设计中，为了创造一个合理的工作环境，考虑越周全越好。为不断提高菜品质量，顺利完成菜品销售工作，厨房在前期布局设计时，也应聘请业内专家给予指导，切不可忽视和凑合从事。

(1)厨房高度要适中

中小餐馆的经营者一般多关心前厅装修的如何，很少认真对待厨房的建设细节。有的由于是转让现房经营，便因陋就简无法注意厨房的面积和应有的高度。有些餐馆经营者由于不懂而进行了不合理的装修，建好的厨房过矮，厨师工作时热气和高温很难散发，造成厨师工作很不方便。

厨房在设计时应慎重考虑到厨房是高温作业场所，如何将温度降至最低，房屋的高度十分重要。一般要求厨房净高不应低于3.5米至4米；一是便于清扫卫生，二是保持空气流通。另外顶部的天花板最好用吸水和吸音效果好的、严密无缝的材料。

(2)厨房墙面设计要美观实用

由于厨房内温度较高油污较多，墙面应用不易吸水的光滑材料装修。如白色瓷砖，方形或长方形均可；铺制方法应从墙底角直铺到房顶部，要铺得均匀、整齐，瓷砖之间缝隙要细密，以防沾油污后不易清洗。

(3)厨房通风要顺畅

目前餐馆厨房在使用燃料上多以煤气、天然气、柴油为主。在加工点燃过程中会产生大量的一氧化碳、油烟和蒸气等有害气体。厨房内安装适度的排风扇十分必要，目前排风扇是重要的换气手段和方式。一旦厨房在工作中排风不通畅，将会导致厨房内其他设备的使用寿命降低，同时对厨师的安全生产和菜品质量产生不利，尤其是对厨师本人的身心健康会有严重的影响，甚至有造成某种呼吸系统疾病的可能。

排风设备种类较多，一般餐馆应根据自己的实际情况加以选择。其中有通风罩、排风扇、换气扇、抽风灶、自动送风空调等。换气设备安装完毕，在使用中应定期清洗、保养，以防使用不当出现损坏和其他事故。

(4)上、下水与地面设计

过去许多餐馆由于在开业前的装修过程中，未能慎重考虑上、下水的设计问题，结果在繁忙的业务中经常受到上、下水的困扰。比如业务越忙，可是上水水管过细、水管出水不畅，或水量不足，严重影响前厅和后厨的正常工作运转。再有下水管由于设计不合理，也经常会出现堵塞的现象、造成厨房排水不畅，地面积水。

实践证明，厨房的上、下水设计得是否合理，对于餐馆的整体经营，影响实在是太重要了。厨房里需要加工、洗涤的原材料，其他各部门的用水情况是相当可观的。所以在设计上、下水时应根据厨房的面积、供应的品种以及用水的需要，着重分出冷菜间、热菜间、粗加工间、面点间以及洗碗间等，分设几处或多处冷水管和热水管，以便使用方便。

下水管也应考虑到厨房油污多、杂物多的特点，设置较大的排水网工程。下水管道的直径应宽大为好，以避免管道死角和尽可能多预留检查口，保证疏通方便。厨房工作人员应经常或定期清理和疏通下水管道，严禁往下水管中倒入硬质杂物及毛巾或抹布等，以防给疏通管道造成不必要的麻烦。由于厨房用水量较大，在设计下水时应考虑到将各加工车间，都设带铁格孔的明沟排水管道为宜，以防堵塞。

有关解决厨房地面的质材问题，到目前为止还是一个难题。现在多数餐馆的厨房都是铺设通体砖，或其他防滑砖，由于厨房的工作特点，油多水多，根本难以达到防滑的要求。近些年来因厨房地面太滑造成摔伤的屡见不鲜，极大地影响了工作效率。因此建议在没有新的工艺出台之前，还是采用传统的红钢砖为好。

12. 厨房的面积要合理

在设计中小餐馆的厨房面积时，一般是根据前厅面积的大小，以及就餐座位数量来决定。通常餐馆厨房面积与前厅面积要求为一比一的比例，但为了求得更多的上座率，往往比例有些误差，只要不影响厨房的正常工作，也是允许的。

厨房的使用面积过小或者过大，都有其不利的后果。有些餐馆厨房面积过小，工作环境拥挤，设备放置使用非常不便利，这种工作环境往往会直接影响厨师的工作情绪，甚至会影响厨房产品的质量。尤其夏季天气炎热，工作环境过于窄小，湿度过大，在闷热的厨房中从事繁重的体力工作，不但影响工作效率，也有害于厨师的身心健康，同时也易出现工伤。

有些城乡接合部的地区餐馆，由于地域充裕，往往厨房面积建筑过大，显得空旷冷落，也不合乎规格。厨房面积过大，一方面造成装修费用的过大。其二会无故增加了厨师工作中不必要的行走路程，既浪费了工作时间同时也不必要地消耗了厨师的体力。其三还可造成厨房中各个制作间之间的协调联系不便，造成工作上的脱节。

怎样的厨房面积设计才算基本合理，一般餐馆可按前厅餐位和就餐人数来确定厨房大小。计一桌四人用餐，如前厅可容纳 30 桌人用餐，那么厨房面积不应低于 200 平方米。

13. 要重视备餐间

备餐间即预备开餐所需要的场所。一般备餐间是餐馆厨房产品与餐厅前厅服务中联系较为广泛和接触最为密切的一种必须的设计，但往往没能被设计者以及经营者所重视。

备餐间，根据店堂的规模而定。一般分宴会备餐和零点备餐。

宴会备餐是在确定宴会的标准、档次和就餐人数以后，服务员可提前将本宴会菜单熟悉，并采取备餐工作。比如，为宴会所需的酒水、香烟以及菜单上菜品所需要的调味碟（椒盐、沙司、辣油等）和分羹汤的器皿、羹匙、口汤碗、骨碟、牙签、公筷等。如发现菜单中有虾类菜或螃蟹菜时，应准备洗手盅，必要时对食用异味菜肴要备嗽口水。菜单上如有拔丝菜应提前预备好凉开水，以便蘸食。如夏季天气炎热也应备好小毛巾，以备客人入座后使用，让顾客用餐前的心情愉快。

零点备餐一般设在厨房与前厅比较方便的过渡地带，备餐人员起到一个收菜单、传递菜单、起菜、传菜、停菜等指挥作用。备餐是前厅顾客与厨房特殊信息沟通的部门，是前厅服务员与后厨厨师及时联系的关键。在饭口中为了减少顾客点菜出现差错，上菜及时合理，加菜、退菜传达及时，备餐中的查菜工作十分重要，其中设计好备餐间就更显得特别必要。

1. 备餐间的要求

①餐馆如果一楼为零点（散客）餐厅，二楼为单间雅座。一般一楼零点备餐间多设在餐厅内、厨房外，或餐厅与厨房之间较为方便的地区，其备餐查菜人员工作起来，视野较广阔，能瞻前顾后；二楼备餐间多设在升降机出菜口处。其一，上菜、下菜较为方便，其二，运送餐具和物品以及上下联系事宜也顺畅。如没有升降设备应选离宴会厅较近的地方设立备餐间。

②备餐人员应选择反映快、应变能力强、口齿清楚、有责任心的员工担任。因为此工作在顾客就餐忙乱时，各种意外事情都会发生，尤其菜品质量的把关更为重要。如菜品炒的不合规格，菜量过多或过少；菜品外形不好、菜色不正；有些菜炒的过火或欠火候都可退回厨房重做。再如：卖炸酱面时面码是否放齐全；炸制菜品是否带上了椒盐调料；两个顾客一先一后同时进店就座，要的又是同一种菜，上菜顺序是否合理；哪位顾客要求菜中多放些辣椒；哪位顾客要的炒菜免放葱、姜、蒜都要记得特别清楚。不但要勤动手、勤

动嘴，更需要勤动脑。

③有条件的中小餐馆，由于用餐高峰时顾客的说话声、厨房的加工机械声使整个餐馆较为喧闹，这样会给备餐人员与前厅、后厨的沟通和联系增加困难，不妨在厨房中与备餐之间放置小型扩音器，把哪桌的菜上得快些，哪桌的菜已上完请上主食，哪桌的客人还没到齐，菜品待命再上等等问题得到解决。

2. 备餐设计原则

①有条件的备餐间面积尽量要宽敞，其走道宽度不应低于1.3米，零点备餐间更应四通八达。出入工作人员应各行其道，避免服务员工作忙时发生相互碰撞现象。

②备餐间是出菜、划菜较集中的地方，严禁无关人员在此停留，以免影响分菜工作。

③备餐间应专人负责、专人管理。上班前要做好准备工作，要做好备餐间的每日卫生工作，保证工作环境干净整洁，合乎卫生要求。

14. 洗碗间的建设

无论经营大小餐馆，必须有清洗消毒餐具的地方，这就是洗碗间。

餐具即供消费者在用餐过程中所使用的碗、盘、碟、匙、筷以及茶杯、酒杯等器具。由于餐饮服务行业每天都要接待来自四面八方的顾客，其中大多数人是健康的，但难免少数人会有各种疾病，或是传染病病菌携带者，他们当中的顾客使用过的餐具会受到不同程度的污染。为了保证顾客用餐卫生，提高全民健康意识，首先应重视洗碗间的建立，才能更好地完成碗和其他餐具的洗涤、消毒工作。

(1)洗碗间的位置

一些中小餐馆由于营业面积较为紧张，往往将洗碗间的面积一再压缩，致使洗碗、消毒工作做起来很不方便。洗碗间的位置也较重要。一般说来洗碗间应在厨房和餐厅之间的位置为好，这样做既满足厨师使用器皿的需求，同时也对前厅服务员取、送餐具较为方便。这里应该注意的是洗碗间的位置切勿离前厅过近，过近易造成洗碗间过分暴露，顾客直观洗碗的工作，当然洗碗间的油水、残渣水也会产生气味和污染，影响顾客的食欲。总之洗碗间最好与厨房和餐厅放在同一个平面上，远离卫生间、粗加工间，选择在无污染的环境地段，并以传送餐具方便，洗涤、消毒餐具得体，建筑面积相当为好。

(2)洗碗间的设备

洗碗间工作中用水是主要问题。为了合理使用水，在考虑安装上水管时应以一寸直径水管为宜。为了洗碗间排水通畅，下水排放应以明沟式排水为好。食物残渣应放入特制的带有塑料袋隔离桶内，并加盖盖严定时清理。洗碗间内应设有可靠的洗涤消毒设备，其中洗池规格应以市售一号池、材料为不锈钢或卫生陶瓷的为准，数量最好按洗涤项目三池为准，有条件的可设置自动洗碗机。消毒设备可用蒸气消毒、柜式红外线消毒，以及煮沸消毒和消毒液浸泡消毒。消毒后的餐具应保持干燥无水珠，才能供餐厅和厨房使用。另外应设置适当尺寸的带门不锈钢碗柜，以便消毒后餐具入柜备用，防止污染。

(3)洗碗间的工作环境

洗碗间工作关键而繁重，工作环境要尽量完善。由于洗碗间消毒、洗刷会产生热气、湿气以及残羹的气味，尤其夏季更使人不适。有条件的洗碗间应装置空调机，无条件的也应解决冷、暖以及排风问题。

(4)洗碗工的工作范围

洗碗工实际工作内容应以洗碗、消毒为主并负责保管餐具，保证餐厅使用。但是目前许多餐馆的洗碗工实际工作早已超越了自己的工作范围。有些厨房的厨具用具的洗涤包括锅、炒勺、配菜盆以及油钴子，应该是厨师份内的工作，也由洗碗工负担，还有前厅的洗涮茶壶、茶碗、三套酒杯，本应属于服务员的工作也由洗碗工来做，这种工作程序和性质，本身就不符合分工要求。

15. 餐馆卫生间设计要合理

从餐馆卫生间的设计是否合理、是否洁净、空气是否流通，就可以看出经营者的管理水平和修养。

有些餐馆在装修和设计时不太注重卫生间的建设，而把主要心思多放在营业面积上，导致一般餐馆卫生间面积狭小。比如，北京有一家炸酱面馆，只一个男小便室，面积总共才0.7平方米，只能站立一个人；有的餐馆只设一个男女合用卫生间，顾客如厕实在很不方便；还有的餐馆不管营业面积多大，也不管有多少用餐顾客，不仅卫生间面积小，且无专人打扫，脏乱不堪、气味难闻。这种餐馆能否赢得回头客，以及对创造效益或多或少会有影响。

有关人士认为，有条件的餐厅在设计洗手间(卫生间)时，必须十分细心，在外观和结构上要与整个餐厅艺术地融为一体，不能生硬，切忌有气味、响声和水迹污染餐厅的现象。例如，日本东京帝国饭店的洗手间，客人一坐上恭桶，便有30秒钟的轻细水流声，其目的是借以混杂和干扰客人如厕时发出声响的尴尬和羞涩。由此可见，目前我国中小餐馆的条件虽比不上国外，但在设计卫生间时也应因地制宜，有所建树。起码应选择在离餐厅和制作间稍远的地方，在装饰和面积方面都要有所考虑才行。

有一篇名为《美国餐馆厕所欲登大雅之堂》的文章描述：现在，越来越多的美国餐馆业者，将美化餐馆的注意力转向厕所。他们希望盥洗室给宾客们所带来的印象有如餐馆所提供的美食与服务一样令人记忆深刻。显然，以往将厕所视为餐馆最基本设施的想法，在餐馆客人的需求变化中不复存在了。以前对餐馆厕所的基本要求是，一要干净、二要卫生。如今，人们要求它既要舒适，还要有文化情调和情趣。

看来,餐馆设计卫生间时应仔细考虑位置合适、男女分用、空气清新、美观舒适,既能让客人方便,又能享受才行。

装修一个理想的卫生间,是当今餐饮业形势发展的需要,也是宾客到店就餐所需求的一部分。舒适、温馨的卫生间既让顾客满意,又可增加经济效益,经营者何乐而不为呢?

16. 餐馆应装修一个好门脸

餐馆的整体装修包括方方面面,其中餐馆门面的设计和装修非常重要,切不可忽视。餐馆的门面也常称做"门脸儿",是顾客到餐馆用餐最先看到的第一建筑物,给顾客的直观印象至关重要。

门面的设计和装修,不但会影响餐馆整体建设的形象,而且能体现出经营者的思想品位、审美水平以及它的文化修养和经营意识。

门面的设计和装修得体,是一种特定的广告,可提高消费者对本店的认知程度。

餐馆的门面设计和装修应与整体结构建设相吻合,应根据自己经营的内容和特点去考虑装修的式样。一般门面装修基本以传统型和现代型为主要方式。

比如经营清宫宫廷菜,便应考虑装修成有清朝宫廷建筑特色的门面,如果考虑开设一家具有傣族民族风味特色的餐馆,在建筑设计上应以竹楼的形式为门面。一般淮阳菜、粤菜、快餐以及西餐都以现代型建筑形式为主。而老北京菜馆的门面设计均以四合院的式样或古色古香的京式酒楼构思来设计。

餐馆的门面除装修风格不同外,颜色应以明快、柔和、搭配合理为宜,尽量避免大红大绿。餐馆门面周边的装饰也应协调有序,宫灯、石兽要安排合理、得体。还应在门面周围尽可能增加绿色植物,以美化其环境。

二、餐馆营销手段

1. 给餐馆起个好店名

店名昔日也称字号、名号。新开业的餐馆都要起个自己理想的店名，这是与其他餐馆区别的一种标志，同时也是吸引顾客的一块招牌。当今市场竞争非常激烈，起一个好的店名不但可成为餐馆的广告，从营销策略和品牌战略上都可以成为财富。

(1)起名的方法

第一，以姓氏起名。用姓氏为餐馆起名早已有之，如谭家菜、烤肉季、羊羯子李、馅饼周等。这些店共同的特点不但店名突出自己的姓，而且从店名中能体现出其经营的具体内容。比如，烤肉季虽说不清名是什么，但可得知老板姓季，是一家经营北京烤肉的馆子。诸如此类，那馅饼周也就是周姓老板开办的一家既卖馅饼又卖粥的餐馆。这种取名法能让顾客一目了然，通过店名分析出所经营的具体内容。

第二，以地名起名。以一个城市的区、县或街巷命名的餐馆也不为少见。好处是突出地区，了解餐馆的地理位置和方位，就餐更容易找到。比如，正阳门酒楼，一般应在前门大街周边，再如地安门小吃店、新街口饭店即必定应该在地安门一带和新街口周围。但这里应提醒顾客，在北京由于重复的地名较多，特殊的情况也应三思，比如："三里河烤鸭店"，三里河这个地名，北京至少有二处，一个是珠市口以东，称之为崇文区的东三里河，一个是社会路大街以西，称之为西城区的西三里河，两地相距十几公里。滨河路和顺城街在京城同样也不只一处，过去各个城门（外九里七门）都有叫作滨河路和顺城街的。为了使顾客就餐方便，在餐馆起店名时，更应把其店的详细地址和方位告诉顾客。

第三，以风味起名。有些餐馆起名不但有姓氏、地区，往往最主要的还是尽量突出自己的经营内容和具体的风味特色。如供应老北京面食的“老北京炸酱面大王”，供应正宗川菜的“金山城重庆火锅城”，“功德林素菜馆”等，顾客会一目了然的理解出是专供素食的餐馆。

以风味起名的餐馆，不但能使顾客一目了然其风味特色，方便顾客对菜肴的选定，而且还可节约顾客的时间，使用餐有的放矢。

除以上几种给餐馆起名的方法以外，还有许多值得提的内容供参考。如以一至十从百至千的数字起名法。像“一品居”、“两义轩”、“三鲜烧麦馆”、“四海酒家”等以此类推。还有选用方位起名法，如东、南、西、北、中、上、下、左、右等。还有用寓意起名法，如福、禄、寿、喜等。当然还可举出许多起名的方式方法，但所起的店名要与餐馆的具体内涵有关联并切合实际为好。

（2）起名的原则

第一，无论餐馆起什么店名（应符合《企业名称登记管理规定》）都应以汉字表示。应以易读、易记，念上去发音朗朗上口为宜，使顾客一听到店名便能听得清楚明白不发生歧义为准。如“新兴烤鸭店”，听后很容易被理解为“兴兴烤鸭店”或“星星烤鸭店”。再有“百百万酒楼”很容易听成“白百万酒楼”。

给店起名时字数不易过多，否则顾客在读出和记忆方面都会产生疑难，效果必然不好。比如“富兰永福楼烤鸭家常菜馆”，听起来和叫起来都不顺口，而且难记。时间一长不但印象不深，反而削弱了自家的知名度。

第二，起店名用字笔画不易过多，或读音生僻。这样会给一般的顾客增添不必要的麻烦，像“　　酒家”、“犇犇家常菜馆”。也就是说在给餐馆起名时用词应简洁并使用正规的简化字。

第三，餐馆起名切忌太俗气。有些名字不但听起来叫人不那么舒服，而且也缺乏文化修养，甚至有些店名会让顾客产生误解。如"吃着看餐馆"、"实心饺子店"、"吃不了兜着走餐厅"及"威虎山土匪鸡店"等，对于那些不能产生良好效果的店名，应尽量不予起用。

第四，给餐馆起名一定要名实相符，不要把本来规模不大档次一般的餐馆，起名为××饭店、××大厦。还有些餐馆在起名时费尽了心思，总想与名牌餐馆混淆，采用移花接木以及音同字不同的手法起店名，如"谭佳菜"与谭家菜，"全聚得烤鸭店"与全聚德烤鸭店，"大糖梨烤鸭"、"大全梨烤鸭"与大鸭梨烤鸭等。要防止发生侵权嫌疑。

第五，给餐馆起名切记注意有关法律禁忌的规定。起政治意识影响不好的店名会使顾客产生误解，如"东洋饭店"、"民国火锅城"、"大日本餐厅"这些店名会对社会造成不良的影响，都应禁用。

2. 选择好企业的销售方式

改革开放以来，餐饮行业经营内容争奇斗艳。尤其首都市场上集中了全国东西南北中各地风味的精华。人们要想吃什么风味的菜肴或小吃，甚至国外风情的美食也可足不出京一饱口福。

由于餐馆多了，再加上品种的空前丰富，餐馆自身的经营内容也有可选性和可比性。各个餐馆经营的内容不尽相同，其对消费者服务方式也会多样化，销售的方式也应有所选择。所以餐馆自身要根据规模、条件来确定销售方式，才是明智的，反之销售方式过分随意性或者违反规律，企业受损将是无疑的。

餐馆销售简单的说就是：餐馆向顾客提供厨师所加工生产的冷热菜肴、主食以及前厅提供的酒水等。与此同时提供相应的用餐设备、场地和服务，以取得货币回笼的业务过程。

(1)服务方式

第一，服务到桌销售。一般餐馆高、中、低档次都以常规服务到桌的服务方式向顾客提供服务，推销自身的产品。首先由服务员开菜单、然后将酒水、饮料、菜肴、主食等送至顾客的餐桌上，待顾客用餐完毕，由服务员收款结帐。在这整个销售过程中，客人始终坐在餐位上，得到进餐全过程的服务。这种使顾客享受非常舒适的服务，让顾客有到店如到家之感。一般供应烤鸭、热菜、火锅、面食等内容的餐馆，基本运用这种服务方式进行销售。

第二，半服务到桌销售。一般由顾客到买票窗口买所需要的食品，服务员收款付票，顾客自行找位坐下等待服务员收票，服务员按照票上内容送给食品到顾客桌上。另外一种方式是顾客买票，自己用票去窗口领取食品，然后回到座位就餐。以上两种基本供应方式均为单一食品、快餐食品或是份饭。如需要酒水、冷菜仍需自购、自取。

第三，自助式销售。现今自助餐较为流行，此种用餐方式多从西方传入中国。自助餐是交款后便可进入用餐区，根据个人喜好的各类食品、菜肴、水果，自选自取自食，顾客非常方便自如，可选性强。这种销售方式是今后的发展方向。此种销售方式有很多优点：比如一般自助的餐馆店堂宽敞、明亮，食品的品种多、口味多样，干净卫生，节约了点菜、等候时间，省去很多不必要的烦恼。自助式销售，一般规模不可太小，有风味自助餐、烤肉自助餐、火锅自助餐等。

(2)用餐方式

这里说的用餐方式内容，主要指中餐而言。

第一，零点销售。所谓零点就是散座顾客，临时根据菜谱点菜，然后用餐的一种方式。这种用餐方式一般不提前预定，三五成群随来随走，是餐馆中最常见的，比例较大的群体。他们中间最易出现回头客。所以菜品的质量、价格以及服务都非常重要。

第二，包餐销售。包括公司或某单位到餐馆包餐，一日三餐、两餐或一餐。就餐人数较灵活，一般分个人或集体两种包餐方式。餐后签字、定时结帐。除到餐馆用餐外还有专门到某公司送餐，这种用餐内容基本都以快餐形式为主。

第三，宴会销售。此种销售范围较大，除规模过小的餐馆无条件和无技术实力接待外，中型以上餐馆一般都可承接宴会服务，只是内容和档次不一罢了。

宴会内容，有洽谈业务用餐；有答谢或告别宴请用餐；也有婚宴、寿宴、亲朋聚会用餐等。宴会销售要按一定的规格、标准，在预定时开列菜单，开餐定期准时。这种宴会形式用餐都是以整桌计算，菜品规模较大，无论多少人用餐结帐都由东道主支付，可用支票或现金。

第四，外卖销售。很多餐饮单位由于知名度较高，供应品种备受欢迎。根据顾客的要求实行外卖，如全聚德的烤鸭，味美多的生日蛋糕等。一般要提前电话预定，按时送货上门，保证顾客按时食用。外卖业务是既传统又时尚的销售法，它极大的方便了顾客，是当今受许多消费者欢迎的服务，同时也是企业增效的一种渠道和办法。餐饮业外卖食品一般均以烧烤、生日蛋糕、面包、酱、腊食品为多。

经营者在选择餐馆经营时切记要根据自己的经济实力，装修的档次等来确定选用哪种销售方式更合适更对销路。

已经开业的餐馆，如果感觉目前的经营内容及服务方式与市场不相吻合，则应尽快调整，走向正规。

3. 经营家常菜效益会更好

餐馆在开业之前，经营者考虑最多的，就是究竟经营什么会最红火，会尽快赢利。实践证明，经营家常菜、烤鸭最能使中小型餐馆火起来。一般讲，只要餐馆提供的菜品和服务，能与市场的需求相符合，能吸引大批顾客并使顾客消费后满意，餐馆就会红火起来。

目前京城许多餐饮馆子都看中了家常菜和烤鸭。由于家常菜最实惠、最受工薪阶层的欢迎。而烤鸭是一道雅俗共赏的佳肴和人人皆知的国菜，很多人以能用最低的价格，品尝到高级的美味而感到自荣。这也是目前吃家常菜、烤鸭处于高潮的原因。现在京城已有几十家、上百家的家常菜、烤鸭餐馆，已形成了规模。使许多忠实的回头客已成为餐馆口碑的宣传者，从而更进一步提高了他们的知名度，使得经营越来越红火。

(1)市场定位合理

选择以家常菜和烤鸭这种品牌定位的方式，主要是经营者抓住了大众化的饮食心理，抢占了餐饮市场。他们通过构思，以较有大众风格的装修手段，以舒适宽敞的就餐环境，以低价位、量大、实惠的家常菜品，赢得了不同档次需求者的认可，从菜单菜品价位分析：既有几元左右的小菜、10元左右的风味菜，又有20元或30元左右的特色菜，以20元左右、价格适中的菜品占了整个供应品种的80%以上。另外他们的菜路广阔，兼备南北东西，顾客有极大的选择余地。其所制作的无论凉菜、热炒、面点、甜食，都做到菜样新、味道好、菜量足，对八方的食客都能适应和满意，使许多顾客变成了回头客。

(2)打造自己的品牌

成功的餐馆除了其他重要因素外，还应打造出自己风格的品牌，应在"拳头"产品上作好文章，下苦功夫。

一般消费者到餐馆进餐，除了需要求得高雅的就餐环境和优质的服务之外，同时要达到其美食、美味的享受。需要餐馆向人们供应优质的主打菜和特色风味菜。甚至要求在同一种菜肴中应有自家的拿手好戏。比如就烤鸭而言，多家有名的店面，其烤鸭在烤炙方法、片鸭方式以及装盘造型上都各具特色，内容不一。其中除了传统的烤鸭方式有"焖炉烤鸭"和"挂炉烤鸭"外，在品种上又出现了"酥不腻烤鸭"、"宫廷烤鸭"、"金牌烤鸭"。这些烤鸭的品牌也都很受消费者的欢迎。

聪明的经营者，还利用烤鸭作为龙头菜，开发一些消费者非常喜欢的家常菜。如风靡一时的"香辣蟹"、"鱼头泡饼"、"小鸡炖蘑菇”、“卤煮火锅”、“羊羯子”等，使一大批顾客一饱口福，对这些菜都曾很认可。由于烤鸭和家常菜在某个时期的组合，适应了一部分群体的需求。又由于经营者较准确地找到了自己经营的定位，买卖才会红火。事实说明只要精心策划、找准卖点、抓住时机、灵活善变，就能使企业有勃勃生机，有较好的收益。

4. 积极做好送餐服务

随着人们生活节奏一天天加快，生活观念的不断改变，在用餐方式上也越加追求快捷、方便、卫生。尤其大中城市的上班族和在校的中小学生，越来越倾向于在工作单位用工作餐和在学校吃学生餐。由于一些单位和学校的食堂都已走上社会化了，取而代之的是专业送餐公司为其送餐。所以午餐送餐市场的专业公司也就应运而生了。

送餐公司的送餐工作目前还是一项新事物，由于其资金的缺乏和技术的薄弱，以致竞争非常激烈。从技术角度讲，一般送餐业加工车间较为简陋，缺乏现代化机械化的加工方式，烹调工具以大锅炒菜为主，技术人员的来源单一，缺乏全员的培训制度。因此往往由于技术水平而导致菜品质量的低下。其次是送餐业在制作产品时，不应单纯注重品种，而要作为营销的重点去抓，还要从原材料、主配料搭配、颜色配比以及口味的变化等方面多加考虑，都应力求适合消费者的需求。只有这样才能保证口味和营养的要求，也只有消费者满意，才能在激烈竞争中立于不败之地。

目前为止送餐业中还有许多不完善的地方，为了做好送餐工作应做好以下几点：

(1)加工的所有产品，应按成本投料，勿出现盒饭中饭菜忽多忽少的现象，价格要合理，菜质要优良。

(2)不以次充好，杜绝用下脚料作为送餐的原料，以防止饭菜质量粗糙、加工制作不精、不符合卫生和营养的要求。

(3)送餐业或餐馆对被送餐单位和个人所供应的菜点,应根据具体情况切实做好调剂口味、荤素搭配,使消费者日日有新鲜感。

(4)将烹制的菜点包装整齐,准时外送到消费者手中,既保证菜点的热度和饭菜的数量,并带好足够的必要用品,如一次性筷子、餐巾纸等。

(5)送餐人员应时刻注意保持着装整洁、仪表大方、举止端庄、动作文明。

5. 菜点定价要合理

餐馆营销的品种,要有合理的定价,这是餐馆特色经营的重要组成部分。它将影响餐馆运作的全过程,是否盈利并获得高额回报,是加速企业资金周转的关键。

餐馆经营者必须在确定其产品的价格时,考虑到消费者是否能够接受、能否满意,最终决定采取哪种档次的价格。

(1)餐馆定价要根据档次

一个餐馆菜点的定价,应根据产品质量的价值和餐馆的档次而定,档次越高,其定价可适当高些。消费者不但享受了美味而且就餐的环境也非常舒适。由于环境不同,存在差价应是允许的。

(2)餐馆定价要根据季节

由于季节的不同,其原材料的价格也不相同,旺季里原料成本偏低,而淡季原料的市场价就偏高,这也就是造成餐馆菜品价格变化的理由。

(3)餐馆定价要根据菜品本身价值

在以往的餐饮业中,许多风味菜、特色菜都因加工复杂、费工费时而加大了成本使其身价倍增,这也是合情合理的。比如一般的豆腐菜价格很便宜,其成本为 3 元,按 50%毛利率计算,此菜售价为 6 元。而如果用豆腐原料做成名菜"一品豆腐",原料成本(加上附料)为 10 元,它的毛利率如提高 60%,其售价为 25 元。

当然餐馆的定价方法很多，以上方法意在根据自己餐馆的具体情况，展示一种思路。主要要在成本、毛利率和售价三个问题上做文章，在这三种关系中举一反三找出方法。当然，无论何种方法定价，都要求能从客人利益出发精心确定好价位，一方面满足顾客的利益需求，另一方面才能为餐馆创造最好的收益。

在合理确定菜品价格中，仍然存在许多问题和混乱现象，特别要提醒一些经营者：第一，有些餐馆经营者尤其私企餐馆老板，在定价上随意性较大，总是根据自己对某个菜品的感觉来定其价格，一般都是自己一个人说了算，不听取别人意见。这样定价往往或高或低，心中无数，顾客也会不满意。第二，另外有些人在菜品定价上总是盲目参考其他餐馆的价格标准，作为自己菜品的售价。殊不知两家餐馆的档次、费用以及原料的成本和数量、质量，都不尽相同。刻意地随行就市也是不切合实际的。

总之，为餐馆定菜价牵涉买方和卖方的共同利益，价格杠杆威力无穷，对于经营者来说，如何掌握和利用它，并且运用得当，并不是一件容易的事。

6. 菜品价格打折要谨慎

菜品价格打折扣和其他对消费者优惠的办法，是现代餐饮业经常选用的一种促销手段。要做好促销打折工作也不是件容易的事情，因为每位消费者在整个消费过程中，对于价格都会是非常敏感的。所以价格定的是否合适，直接影响到在市场竞争中的地位和能力。打折是否让消费者认为真实可信，打折中是否存在欺骗行为和手段，都是经营者在实施打折运作中应特别注意的。

打折的对象较为广泛，一般分为：

(1)来店用餐的大宗客人，其中包括旅游团队、学生聚会、年终团拜或者会议用餐、生日宴、婚宴等，这种用餐方式人员多、用料量大、加工方便，就餐时间相对固定。由于这种用餐方式可以充分降低其成本,那么打折销售就是互利互惠双方都满意的事了。

(2)在顾客消费过程中,由于餐馆的责任给顾客造成了种种不满,如菜品质量差,或菜品中存有外来物,或是服务人员上错菜,服务态度差的问题,致使顾客情绪激动,起身投诉。经过解释无效而又确实是餐馆一方的过错,就应给予打折优惠甚至免单处理。

(3)要对常客和回头客给予适当的优惠,尤其对一些持有优惠卡的顾客可直接打折。前厅经理和服务员要尽量多与他们交流,以最大限度留住这批客源。

除以上情况外,还可选择许多方面适当打折:如节假日打折促销既可增加效益又可宣传企业形象提高知名度。对有客源的企业和公司也应定时给予优惠政策或免单宴请。

餐馆菜品的定价和打折不应盲目地、刻意地进行,应根据本店的具体情况和市场的变化,以及消费者需求程度而定,做到有的放矢。如果餐馆打折工作做的不细,也会产生负面作用。应尽量避免顾客产生以下的一些想法:

其一,避免顾客认为:凡打折的餐馆都是经营不善,认为经营红火的企业一般不会走打折的路。

其二,菜品的底价没有按成本核算,本来菜价定的就高再实行打折,其中有欺诈因素。

其三,打折餐馆所购进的原材料,是否有伪劣品。比如注水猪肉、成堆的蔬菜、处理的调味品等。

价格对于餐馆固然是十分重要的,但更重要的还是质量,如果有了高质量的菜品和服务,再加上合理的打折,定会受到消费者的赞同。中小餐馆不要走打折的追风,最好对打折活动持以慎重的态度,否则打折效果不好,不如以诚信的经营思路定好自家餐馆合理的价格。

7. 制订一份好的菜单

餐馆对外营业必须制作一份菜单，菜单又被称作菜谱。菜单是餐馆面对顾客所提供的菜品、饮料或其他食品的项目清单。它通常利用书面的表现形式，把餐馆供应的具体品种、名称、口味、价格乃至食品的形态照片都刊登出来。菜单已成为沟通消费者与餐馆之间的渠道，菜单也是餐馆各个生产、服务部门以及采购部门等指导工作的精髓和指南。

菜单的作用如此重要，那么如何制订一份好的菜单呢？大家知道，制作一份好菜单，既要保证能使消费者进店用餐前，在选择消费中得到满意的服务，同时商家又会获得更好的效益。

菜单的设计本身就是一门艺术，是技术较强而又细致的工作。由于各个餐馆的档次和经营内容不尽相同，设计会多种多样，除了由厨师提供相应对路的菜肴品种外，应选择专业印刷厂和美工协助设计、印刷，应做到菜单设计独特、有个性。对于店内经营的菜点、酒水等如何进行分列、排版，菜单的式样、封面、照片图案的安排等均由专业设计人员与经营者共同协商完成。

菜单的制作方法如下：

(1)菜单的制作一定要注重本身的完整性。第一，要照顾到冷菜、热菜、汤菜的品名、顺序和价格。第二，特色风味菜点的宣传。第三，对名厨和特色菜的展示。第四，餐馆的定餐电话、具体地址和营业时间。

(2)规格。目前餐馆的菜单其规格大小不一，大的形似报纸，小的尤如小型笔记本，这样制作的菜单很难达到顾客所需要的视觉效果。有关菜单的规格，经过反复实践和对常客的了解，菜单应以顾客翻阅方便为原则，一般较为理想的尺寸为 23cm×30cm 为宜。

(3)封面。设计菜单要考虑规格大小以及页数的多少之外，还要仔细考虑封面设计。一个设计精美的菜单封面是餐馆的门面，也是餐馆的重要标记，精美的菜单会给消费者留下深刻的印象。菜单的封面设计要突出本餐馆的经营风格，无论是图案、颜色都要把握好。比如你经营的是一家宫廷菜餐馆，菜单封面应体现经营的标志，以古色古香、具有皇家气派为好。如果是经营现代餐厅，菜单封面应从表现时代节奏入手，要有现代气息的艺术内容。

(4)式样。菜单的式样目前五花八门，没有一个统一的规定。主要应以制作的样式、颜色与餐馆的档次和气氛相适应为宜。当今餐饮业较为常见的菜单有：目录式、折叠式、桌式、活页式、壁挂式等，形状以长方形为多，也有方形、圆形或其他形状的。

(5)材料。制作菜单一般选用美观耐用、成本合理的材料，如长期使用，可选择重磅的涂膜纸、铜版纸、亚粉纸等。由于纸的质地各地差异大，在选择纸张时要具体情况具体分析，必要时也可请求纸张销售商给予咨询帮助。

(6)文字。菜单上的文字是直接向顾客传递信息的，要求字体清晰、端正，以楷书为宜，文字书写时菜名之间安排一点空隙尽量合理，切勿过稀过密，否则会影响顾客的阅读效果，如有需要也可附以中英文对照。

(7)颜色。菜单的色彩可以随时代的变化而变化，就目前中小型餐馆而言，菜单封面和插页，颜色丰富，有紫色、大红、墨绿、深兰等。有的插页以白色为主调，再配以浅粉、米黄等色。总之，不同设计风格的装饰菜单，都会为大大小小餐厅增添色彩。

8. 餐厅菜单的使用

餐馆要全面考虑菜单的制作，使其能达到预期的效果。一个菜单的装潢设计、制作以及菜单内容，要让顾客第一眼就产生良好印象和留下深刻的记忆，确不是件容易的事。对此应注意以下几点，使菜单制作更加完善。

(1)菜单的封面和插页在选择字体颜色和纸张颜色时，应尽量避免靠色。如褐色纸配以黑色字体，白色纸配以黄色字体，诸如此类的颜色搭配，都会使顾客在挑选菜品时，容易眼花缭乱，难以辨认，服务人员也难免会看错菜单中的菜品和价格。

(2)菜单的单页印刷版面要美观实用，字体的大小或疏密程度要安排得当，防止出现过多的空白。

(3)菜单中一般以汉字为主，涉外餐馆可加印英文(中英文对照)。除特殊情况外一般无需刻意配印更多的外文。比如拉丁文、日文、德文等，以避免杂乱无章。

(4)制作菜单时应认真校对，应禁用错别字和自造字，比如将菜品中的"滑熘里脊"写成"滑溜里儿"，"锅爆豆腐"写成"锅塌豆付"，"氽丸子"写成"川丸子"等。

(5)餐馆应根据其经营面积大小和技术力量来制定菜品的数量。菜单上的品种切勿过多，过于重复。如果餐馆不大而菜单品种过于繁杂，既增加企业管理难度，又给顾客点菜增加麻烦。

(6)菜单上的菜名要名实相符，不要故弄玄虚，比如一道名曰"刺猬出窝"的菜品实际就是珍珠丸子，"雪山红日"就是白糖拌西红柿等。这样既令顾客费解且易产生误会。

9. 餐厅水单的使用

水单是餐馆当日或近期，新添的季节性原料制作的菜品(菜单上没有的菜品)，调价后打折菜品以及新推出的创新菜品，用毛笔书写在彩纸上的临时菜单。

这种水单较为醒目，写得较艺术，悬挂的地点要选在顾客容易看到的地方：如张贴在进门对面的墙上，店内较为显眼的地方以及吧台周围等，供顾客浏览。这种形式的水单由于是临时性的，一天一换或几天一换。其书写可用墨水、彩笔，字体多样，以工整清楚为准。

应引起注意的是，有些餐馆由于效益下降而采取水单的广告宣传方法。出现了不规则的水单贴得餐厅满墙皆是，过期的水单也无人撤下，影响美观且零乱不堪。有些餐厅的水单甚至张贴在厨窗的玻璃上，既防碍采光也让人感觉不雅，失去了水单的宣传意义。

合理地使用水单和设计水单，应考虑所用纸张要平整、干净、无污，尺寸大小合适一致，字体要大小规范、工整美观。由于水单内容是菜单上没有的菜品，或者是由于售价易于变动的菜品，所以一次不宜写的品种过多、过滥，以免起相反的作用。

10. 起菜名要贴切

有人说："菜是厨师的儿子，起个什么名都可以"。从表面上看厨师做菜，给它起个好听的名字是件简单的事，其实不然。菜肴是餐馆的产品，如何科学地给产品起个贴切的菜名，对产品的销售、顾客的选择都十分重要。

厨师给菜品起菜名，要既高雅又实际，既突出本色又让顾客在点购时一目了然，理解其内涵。给菜品起名方法，一般是根据主要的烹调方法，菜品主料、配料，菜品的口味、颜色以及形状而定。比如，以烹调方法而定名的菜品：干烧桂鱼、糖醋鲤鱼是以干烧和熘的烹调方法制成的菜。冬菇扒菜心、土豆烧牛肉，既有烹调方法扒、烧，又可突出主料和配料的关系。以口味突出而定名的菜品，象甜菜中的拔丝莲子，麻辣口味的水煮牛柳，从文字中便能得知前者是甜味菜而后者为麻辣口味菜。以形状定名菜品，如四喜丸子、一品豆腐等等。

以上菜品的菜名，很容易让顾客对菜品了解一二，而且无夸张不实之词，这样起名较为贴切。

目前许多餐馆为了迎合激烈的市场竞争，厨师为了增加效益，利用新原料和采用新的烹调方法、新的调味品，做出了许多创新的菜品，给顾客带来全新的感受，给企业带来了效益和生机。但有一部分厨师，做出的菜品取出的菜名不科学不贴切，显得俗气。有些菜名让顾客在点菜时不解其意难以确认，反而给点菜增加了麻烦。

(1)怪名菜品

有部分餐馆厨师费了很多心思为菜品起了菜名，效果却很不理想。如有一道凉菜叫作“听说菜”，实际此菜就是由猪耳和猪舌在酱制后经刀工处理再拼装的拼盘菜。顾客在点菜时不解其意，只能给服务员增添麻烦，煞费口舌。不如叫“猪两样”更为通俗易懂。

另有一道称之为“乱拍”的菜，其实就是在“拍黄瓜”的基础上，随便加一些煮花生米、胡萝卜丁、碎酱牛肉等。这样的菜名确实也有些“乱”，不太恰当。

(2)巧立名目

市场中巧立名目误导顾客的事情屡见不鲜，餐馆也不例外。有一道叫作“雪山草地”的菜(创新)，咋一听给人一种感觉有高高的雪山碧绿的草地，菜名很美，可能菜的口味也一定不错，谁也猜不出是一道什么新鲜菜。结果菜端上桌，才发现是一盘“香菜拌豆腐”，此菜名不贴切，菜也不好吃，更不符合主配料的搭配原则。

还有许多给菜品起名不贴切的地方，比如“爆炒小黄鱼”、“焦熘时蔬”、“醋熘酸豆角”等，不是烹调方法不当，主配料、口味不适合，就是违反了烹调的规律和法则。所以为菜品起菜名必须讲究科学，要以实际和贴切为宜。

11. 餐馆菜品最好自制

每个餐馆在开业之前必定对经营内容有所选择和确定，从而形成自家的风味特色和看家菜。

目前餐饮业所出售的各种菜点，基本上还是以手工制作为主，由于不同手艺厨师所制作的菜肴，会有不同的效果，这样才可露出真正的“英雄本色”。比如：京菜中的烤鸭、涮羊肉；鲁菜中的干㸆大虾、奶汤蒲菜；川菜中的水煮鱼、干煸牛肉丝；粤菜中的白灼虾、避风塘炒蟹以及淮扬菜中的炒马鞍鳝、蟹粉狮子头等，都是各家不同风味的自制创新的美味佳肴，经久不衰一直保留至今，仍受到食客们的青睐。

目前许多餐馆不注意自己的菜品内容变化，对外销售的菜品都大同小异，看不出各自的风格和特色。尤其中小型餐馆一水儿的川、鲁、粤家常菜烤鸭，使消费者很难有可比性和选择性。

另外，个别厨师对菜品制做技术，不是用心踏实地学习和借鉴别人的技术，挖掘传统菜，进行改良和创新品种，而是想方设法去走捷径，甚至采用购进成品原料和半成品原料来代替自己的菜肴。如豆制品类、罐头类，这是历来被厨师反对和忌讳的。还有的甚至用市场上销售的香肠、小肚以及其他真空包装的肉类食品作为本店的菜品，这样，长此下去餐馆还有什么风味可言。

另外，有些餐馆经营者为了减少开支，必要的设备也不增加，由于他们多数不是本行人，又被本来不是内行的厨师牵着鼻子走，经常进些易加工、省事的原料，如外购樟茶鸭、外购油发或水发鱼肚。本来应该自己加工的调料也不加工了，如烤鸭自蒸的甜面酱别有风味，可他们却购进袋装的甜面酱代替。本来自己用芥末面发制的芥末味才好，也要购进瓶装成品的，甚至卖烤鸭、鸭饼也要外进等等。

以上情况可以说明，本来应该厨师自己做的事，为了省事或者技术条件不够，一律外购。其一不能保证餐馆的菜品质量；其二加大了成本，扩大了支出、增加了中间环节。一般把加大的成本必然要转嫁到顾客身上，实际上就是有些餐馆的菜品价格迟迟不能下调的原因，也就不言而喻了。

综上所述，如餐馆的菜肴不能保证自己加工，其发展必然畸形。那么厨师的技术水平也发挥不出来，因而餐馆菜肴独特的风味特色没有了，失去了自己的个性，市场竞争意识也就无从谈起。

12. 老字号餐馆也要更新观念

老字号餐馆经历了多年的实践,无论在经营品牌、手段或者技术水平、管理风格上,都有独到之处并取得了相当成熟的经验。因此,有许多老字号餐馆的经营者往往存在传统的企业品牌战略意识,难以摆脱老的束缚,放不下老的架子。尤其老字号餐馆受长期计划经济和"独营"思想的影响,仍对于自己的经营品种和内容,固步自封,过于自信,难以有创新想法,对"酒好不怕巷子深"的观念仍抱住不放。实践证明,传统必须与现代经营思想相结合,要从产品、服务及管理上开辟新的领域,采取新的经营方式,实行新的用人机制。

目前,有些老字号的产品和对外销售已由福利型的国有企业变为私企经营,如小肠陈、爆肚冯等。这里要求经营者既要继续保持品牌效应,更要根据时代的要求采取创新工艺,稳住优秀人才壮大技术队伍,使老字号的声誉和产品不断受到消费者的欢迎,使其更具活力和发展空间。

为了不断加速老字号民营企业的健康发展,在健全内部管理机制的同时,可向连锁经营方向发展。建立一个技术不断进步、质量不断提高、成本不断降低、知名度不断扩大、竞争力不断增强的企业。使其产品更为规范化、标准化,使老字号的经营和品牌特色永葆青春,更有生命力。

13. 餐馆促销经营的方法

我们提倡的促销经营方法,实际就是餐馆利用不同的手段,根据自己企业的实际情况,通过必要的途径向消费者介绍餐馆的产品和服务,使其能得到更大的利润的一种促销的活动。

一个餐馆促销经营搞好了,可在短期内见成效,吸引更多的消费者，获得更大的利益。中小型餐馆由于规模所限，在促销经营方面难与大型饭店、宾馆相比。其方法也不复杂，一般分为以下几种：

(1)价格促销

餐馆实施菜品价格优惠的策略，使部分经济实惠的低价格，满足部分顾客的要求。

(2)优先促销

对重要的合作人、长期用餐客户，以及持有本店贵宾卡的消费者，都应给予优先的特殊待遇。

(3)展卖促销

展卖促销是利用餐厅的特殊环境采取当着顾客的面，现场直接做烹调表演和展示，使顾客的好奇心得到满足，尤其是一些表演内容还是很难在大庭广众之中能见到的。如印度抛饼、山西刀削面等。展卖是餐馆利用餐车装上各色精美的冷菜、冷点，由服务人员在餐厅内来回走动，诱导顾客的食欲，顾客则可直观地购买自已喜欢的食品。

(4)礼品促销

给用餐顾客赠送一定的礼品，与顾客进行感情交流，使顾客对本店留下深刻的印象。礼品样式：如打火机、公文包、签字笔等都应尽量设计上餐馆的标志或名称，从而起到一定的广告作用。

(5)活动促销

餐馆可以举办一些特殊的活动，以崭新的方式吸引顾客，达到促销的目的，会有更大的收获。例如：川菜美食周、烤鸭展卖日、海鲜食品节等等。

餐馆一般情况下进行的促销活动，多为临时性短期行为，如果处理不当或考虑不周全往往也会适得其反。因此在实施中必须通过反复研究制定有效的计划，严格管理，专人负责。应做到：

第一，选择时间。餐馆开展各种促销应选择旅游淡季，可利用各种节假日、纪念日以及各种节气中的民俗活动。

第二，把握方法内容。举办活动必须方法得体、内容充实、具有吸引力，主题应明确。使顾客每参加一个活动都会产生兴趣和新鲜感。

第三，组织策划。在组织活动前应有周密的计划，对活动主题、促销手段、场所的布置、宣传品的散发，活动的内容、形式、时间及主办者等一系列问题都应落实。目的是通过活动的开展给餐馆带来经济效益，同时，也给餐馆树立产品丰富和质量优良的形象，以此来提高企业的知名度。

14. 餐馆成功经营的秘诀

餐馆经营是否成功主要看经济效益。成功原因是多方面的，目前，在不同档次、不同规模、不同特色、不同风格的许多餐馆中，顾客盈门和财源滚滚的餐馆，只是凤毛麟角。在调查研究过程中发现，凡是那些经营红火的餐馆，无论其归属于哪个层次，都应做好以下几点：

(1)餐馆经营者个人综合素质高，注意制定并实行本企业可行性的规章制度，亲自抓好企业的进、销、存运转关键环节。能吃苦耐劳地用心经营。

(2)经营者知人善任、会当“伯乐”。深懂人才竞争意识，不任人唯亲，不搞裙带风，善于把管理人员和主要技术人员作为中坚力量团结好，使员工、干部、领导团结一致，有较强的团队精神。

(3)严格管理菜点质量，建立好质量检验机构。按程序加工制作菜点，要做到本企业所规定的规范化，量化生产，保证菜点质量达标。

(4)狠抓服务员的服务态度和服务技能，要按服务程序为顾客服务，认真贯彻服务人员的岗位责任制，不断推出便民、利民的新举措。

(5)菜品的定价应做到合理，都要经过成本核算，不随意涨价、打折或用其他手段欺骗顾客，菜品价格要根据市场的变化适度调整。抓好采购工作,杜绝跑、冒、滴、漏,注重降低成本。

(6)抓好财会工作,储存保管和原料发放工作。经营者应经常调查和掌握企业的成本核算和毛利升降的工作,抓住经济命脉。

(7)抓住商机搞好广告和促销活动,不断提高自己的知名度和顾客认知度。利用各种节假日开展各种活动,以争取到更多宾客的参与,抓住节假日的消费群体扩大销售。

(8)不断提高品牌创新意识,不断增加新产品新花样以满足顾客需求。要不断增加新的服务内容和项目,使顾客总有新的感觉,从而满足顾客求新、求特、求奇的饮食观念和要求。

(9)要做好员工培训工作,不断提高其综合素质和工作能力、技术能力,灌输餐馆企业精神,练好内功,树立更高层次的为宾客服务的意识并付诸行动。

(10)经营者要全盘考虑企业的各项工作,善于发现问题和解决问题,不断总结经验,居安思危,做好工作计划,讲究工作方法,努力发挥自己的才智,使企业立于不败之地。

15. 要善待回头客

人们常说:“一方水土养一方人”,而对一家餐馆而言,也同样好似“一方餐馆养一方食客”。餐馆的经营者一般都希望多一些常来常往的顾客用餐,不断地扩大这些消费群体,也就是我们常说的“回头客”。有了更多的“回头客”,不但增强了店内的人气,同时也会使企业的效益不断提高。

当然,一家装修典雅、环境舒适的餐馆,一家有着优越的地理位置和宽敞的停车位的餐馆,都能够吸引许多“回头客”。但是除以上硬件外,更重要的应是餐馆菜品的质量、特色及口味适合消费者的需求,且价格又合理,才会吸引大批的顾客。

周到、热情的服务,使顾客感到用餐是一种满足和享受,让顾客高兴而来满意而去。只有这样,顾客才能真正成为你店的“回头客”。

过去有很多文化人，下馆子吃了大半辈子，才从众多的餐馆中选出自己较满意的字号，成为常客。当今顾客选店就餐道理同出一辙。所以餐馆经营者，为了使企业的效益提高，必须从整体管理上下功夫。要树立产品意识、价格竞争意识以及服务意识。要有一颗善待顾客的心，才能有更多的“回头客”。

“回头客”到店就餐常来常往，店内经营者员工都较熟悉，经常向这些人征求对菜品和服务的意见和建议，使餐馆的工作更加贴近顾客，更加完善。

“回头客”从无到有、从少到多也不是一件简单和容易的事，一定要通过努力，想顾客所想，急顾客所急，善待“回头客”，买卖自然会兴旺。必须牢记回头客是餐馆的主角，没有他们，餐馆稳定的客源和大笔的收入便无从谈起。要不断扩大回头客的群体是目前餐馆经营的当务之急，但要真正做好这项工作也不是一朝一夕的事。首先店主应经常保持清醒的经营头脑，团结所有员工增强凝聚力，发扬团队精神，不断创造企业的新产品，提高服务质量。不断打出新的品牌，真正让回头客感到常来常新，有吸引力。用实际行动征服“上帝”，使回头客越来越多。

16. 菜品的创新要贴近市场

菜品的创新除了从厨师技术角度考虑之外，还必须充分考虑到市场的定位和消费者的需求。

从某种意义上讲，创新要切合实际。创新的产品应有个性和特色，反对粗制滥造和对其他菜系菜品的照搬或变相照搬的拿来主义。

创新菜品要想得到顾客的满意和能经得起市场的考验，厨师就应在构思和设计菜品的思路上与市场吻合，并应注意到：

(1)符合大众化需求，这就是说厨师除了研制一些宴会大菜外，还应考虑工薪阶层的需要。实惠的家常菜中，利用更多的本地原料，用一般档次的鸡鸭鱼肉、蔬菜、菌类研制出一批家常的创新菜。

(2)要考虑和照顾到一般消费者的饮食习惯和口味上的嗜好，尽量避免一些刺激过大的口味菜(大辣、大酸等)和一些怪味菜。

(3)为了节省加工和顾客用餐时间，在创新过程中应注意多研制一些原料一般、加工省时、做法简单的自然造型的菜，以满足顾客快节奏的生活。

(4)应在创新菜品中考虑顾客的经济实力，他们是否能够承受。要求主辅料合理搭配，菜品质高价低，一般的原料售一般的价格。

(5)以上创新菜的大众化菜肴，在制作中要更精细，注意其质量、口味、特点的突出，同时要讲究营养调配，合理膳食平衡。要考虑到消费者的健康。

17. 菜点品种创新的具体内容

餐馆的对外经营，不但要有独到的经营方法，同时也应经常有多变的营销内容。要不断地制造热点卖点，才能不断吸引消费者再消费。只有创新才能让顾客无时不感到餐馆的具体实力。只有技艺高超的厨师不断地研制出新的菜式，在经营上才会充满活力，这样既能树立企业的良好形象，也可增强顾客对餐馆的信心。只要餐馆经营者意识到了消费者需求，做到常创常新，为顾客提供更多的选择机会，必然会赢得市场，战胜竞争者。

厨师在菜肴创新中应着重考虑以下几方面，从科学消费角度和绿色消费原则，不断开发菜点的新品种。

(1)原料

当今，许多中小餐馆经营者和厨师已深深感觉到，在不能充分满足顾客对菜品的需求时，也感到技术的匮乏。为此，除厨师要认真学习外，还应认真从原材料创新上下手，引用大批外省市的新菜种，引用中西原料，如挪威三文鱼、澳洲大龙虾，国内的养殖性野味，蔬菜、菌类、花卉、昆虫类等烹饪原料，使本店在风味研制上有更加广阔的天地，取得更大的成果，给消费者带来全新的感觉。

(2)口味

中国菜肴的口味变化无穷，酸、辣、咸是我们日常生活中所需的最基本的口味。这就要求厨师，在结合传统方法的基础上，采用单一口味和复合口味的交叉技术，做一些科学的改良，创出一批新的、经过实践证明是顾客非常喜欢的新口味。除了在炒菜中味型有突破外，还应在凉菜的口味上创新，蒸菜和烤鸭蘸食的口味也要有新变化，还有各类火锅不同口味佐料的创新。另外还可中餐借鉴西餐调味品，如西柠汁、黄油、西芥末、西餐汁、OK 酱等，运用中西结合方法研究。总之要开动脑筋，口味要在南北调料大交融、八大菜系及更多地方风味调料的借鉴、中西餐调味的结合上，创出更多的时代新口味，更好地满足消费者的需求。

(3)器皿

中国美食在评判标准中不仅设有菜肴的色、香、味、形，还对盛装菜肴的器皿也十分重视。最初菜肴所使用的器皿质地为一般陶瓷产品。随着时代的进步和人们审美观的不断提高，除对菜肴要求美外，对器皿也有较高的选择标准。所以器皿的创新与改革也是势在必得。先后也出现了金器、银器以及木制、竹制、贝壳和玻璃器皿，从而提高了用餐时的品种和档次，除了器皿的质地外，多年来在形状上也有创新和突破，由原来单一的圆盘又增加了多边形、双棱、椭圆形以及花卉形、动物形，颜色也是五彩缤纷，为一些新的菜品营造了气氛。除了以上器皿变化外，聪明的厨师还用原材料(食品的本身)作为器皿，也是当今的一种新尝试，如金瓜参翅，是把烧炖好的人参和鱼翅装入经雕刻的南瓜中；又如在佛手瓜盅、椰子盅、西瓜盅等中盛菜肴，举不胜举。

(4)菜形

成功地在菜肴的色、香、味以外的形的创新也十分重要，当顾客直观到上桌的菜肴时，美的感受会使其心情愉悦，食欲大增。许多外宾用餐时，当看到如诗如画的菜品上桌时，频频拍照不忍下箸。菜肴形状的创新分一般造型和形象造型：一般造型多为一般菜肴的出锅装盘的自然造型；而形象造型则是利用原料本身的可塑性造型和经过刀工处理后的成形。比如形象造型中的前者，一款糖醋鲤鱼，在炸制过程中将鱼头尾相连入油锅，炸后保持一定的形状，而成形后鲤鱼首尾相翘，造型活灵活现，再浇上汁芡配以面塑老翁甩杆垂钓，整个画面已比传统的糖醋鱼（一条平躺着的）要提高数倍观赏价值。为了适应当今菜肴形象美的创意，厨师应着眼于加工方便、实用、卫生等诸多方面去下功夫。要与各菜系各种不同口味加以交流，给自己带来机遇，使广大顾客对本餐馆新创菜肴更加欢迎。

18. 正确对待顾客对菜品的不满

顾客到餐馆用餐除了关心餐厅的环境、卫生和服务以外，最关注的应是菜品的质量。具体是指成菜的色香味形等等。顾客在用餐过程中，由于种种不同的原因，对于餐厅的饭菜质量、价格或数量表示不满时，必须抓住这个机会，想尽办法尽快消除顾客的不愉快、尴尬或急躁，使他们满意为止。这里提醒厨师和服务员应引起注意，企业的经营者或领导更应出面，针对具体情况，做出最恰当的处理，使顾客能谅解。比如，在平时顾客用餐时可能出现的情况有：

（1）菜品口味偏咸或偏淡，有的菜肴欠火候，成熟度不够。遇到此种情况应主动向顾客道歉并与当事厨师协商，请顾客稍候，厨师重新加工。如果菜品有变质现象，应马上退掉并换上与此菜价格和质地相仿的其他菜品，经顾客同意提前先做。

（2）有些菜品上桌供顾客食用时，发现菜品有外来物，如头发、草叶、木棍等，这是厨师工作的大意造成的，除对当事人员进行处理外，应由服务员或领导首先向顾客当面道歉，并经值班经理同意重新制作新菜或退菜。

(3)厨房出品菜肴中有缺斤少两；菜品中主料、配料比例不合理；菜品整体数量偏少不够规格。服务员应向值班经理汇报，并作出笔录，将菜品重新加工并补齐菜量。

(4)有些餐馆由于厨师技术力量薄弱，往往炒出的菜品难以符合要求，粗制滥造的菜肴使顾客难以接受。比如，应该宽汁、亮芡的“滑熘”、“软熘”菜，做得菜汁过少，显得干干巴巴的；应该利芡利汁的“爆炒菜”，又做得汤汤水水，不成样子；甚至有些菜该色白的不白，混暗不洁；口感该脆的不脆，疲疲塌塌等。

以上这些问题的出现都是过失。当用餐的顾客发现问题并表示不满时，一定要高度重视。作为领导应该做到的是：①要耐心倾听顾客向您叙述不满的原由，尤其对于菜品问题的具体事宜。②要为顾客的利益着想，表示歉意，一定要做出行动和语言的表示。③要客观地肯定事实真象并表示给予一定的帮助和解决。④少谈自己的辩解看法和解释问题发生的原因。⑤在需要解决问题的时候应当机立断立即执行，尽快得到顾客的谅解，消除不满。根据不同情况，对于顾客对菜肴不满又情况属实的，应予以换菜、退菜或采用打折的处理办法妥善解决。

为了少出过失，避免出现顾客对餐馆菜品的不满，应不断吸取教训，积极对厨师加强技术的指导和培训，不断提高他们的综合素质和烹调技艺。要挑选专业技术好、责任心强的人作为菜品质量把关人员。要严格执行奖惩分明制度，把菜品质量中的问题和漏洞降低到最低限度，使顾客对菜品的满意度不断提高。

19. 正确对待顾客的投诉

餐馆在正常的经营过程中，内部管理不可能十全十美，顾客的正常投诉是不足为怪的。凡是顾客的不满意或是投诉,都应引起重视,从中吸取教训,发扬优点改正不足,改进工作提高信誉。

对待工作中的缺点,对待顾客的正当投诉,作为服务行业,应切实以正确的态度对待,努力把以下几方面工作做好。

(1)顾客对本店某件事或某个人的投诉,店方应表示欢迎。可将投诉人请进办公室,耐心、礼貌地聆听顾客所投诉的具体内容,并且认真记录,频频点头以表诚意。在顾客讲话中不打断、不抢话,待顾客讲完后再提问题。

(2)如顾客讲得很对,而自己也已意识到了,就应以诚恳的态度对顾客投诉的问题表示感谢,使顾客首先感觉到店方的诚意。

(3)如顾客投诉在就餐过程中遭受损失,应首先表示同情,并征求顾客对此问题的解决办法。如能接受,应马上承诺解决;如不好接受,可由店方提出两种或两种以上的解决方案,直到妥善解决,顾客满意为止。

(4)如店方与顾客投诉要求暂时达不到一致时,要实事求是的给予双方时间,尽快解决。在此期间必须与顾客主动取得联系,使顾客感觉到你的诚意,不要一拖再拖。

(5)对服务中的直接责任人(服务员、厨师或其他员工)在了解情况后,如真有问题,要明确指出使其心服口服。在按店规适当处理的同时做好责任人的思想工作,以接受教训改正缺点为目的,使今后的工作做的更好。

20. 如何提高饭口的翻台率

饭口,顾名思义是人们用餐最集中的时间,比如中午12点为饭口,这是一句行业术语。而翻台是指餐馆对餐桌的利用率,也就是在业务特别繁忙中,尽量将一张餐桌多接待几批顾客,从而增加效益。简单地说,这种周转次数快慢和次数的多少就是翻台率。

要想使餐厅获得更大的收益,既能提高翻台率,又使顾客达到一定的满意率，也不是一件容易做到的事。必须做到以下几点：

（1）安排好等座顾客

在餐馆经营中，生意做得好的比比皆是。不但收益可观，人气也特别旺。如何接待好消费者，本身就是一门学问。

如北京阜成门附近有一家烤鸭店以经营烤鸭、家常菜为主，买卖十分红火。通常去那里用餐，客人都是满满的，约一千多平方米的营业面积，用餐高峰总是座无虚席。餐厅门口有两个身穿旗袍的服务员不时地在接待没有座位的顾客，照顾发号、等座。

这里要讲的是安排好等座的顾客。首先应从方法上对路，从服务用语上讲究。如“请您几位稍等片刻，餐桌马上就会腾出来”等等。首先要留住顾客，防止因用餐人多而使等待的顾客走掉，影响翻台率。另外也应在餐厅内设专椅，使顾客正式用餐前有个暂时休息的地方。有条件的餐馆也可备一些报刊、杂志让顾客阅读，也可放些本餐厅的菜谱，供顾客等候时先选好自己所需的菜品。待有了座位便可很快开菜单，既节约了时间，又可提高顾客的满意度，同时也提高了翻台率。

（2）提前做好备餐工作

服务人员应了解餐厅的上座率和每天饭口时顾客的流量。如果等座的特别多，就应在工作中有所准备，做到心中有数。须提前多准备服务用具：如茶壶、茶碗、骨碟、酒杯、筷子、餐巾纸等。以便在前面用餐的顾客走后，马上收拾整理台面，动作迅速，干净利落地摆好台，让顾客用最短的时间用上餐。

（3）对用完餐还没走的顾客要礼貌

当餐厅客满时，尽量使用餐的顾客迅速进入就餐状态，让用完餐的顾客迅速结帐、离店。但许多顾客用完餐，还在座位上侃侃而谈，没有离位的意思。这时店内顾客虽然很多，急需翻台。服务员此时决不能用急躁面对顾客，作出不礼貌的行为。可用服务上的技巧试着为顾客接连不断地添加茶水；或向顾客征求还需要添点什么；如果餐桌上剩下没有用完的菜点，可向客人询问：“这个菜您是否打包带走”;不断向顾客问话等。可能用这种方式会使顾客有所领悟,起到让用完餐的顾客迅速离店的效果。但决不能有态度不和气、不礼貌的现象出现。

(4)清台重摆要稳重

清台是在先来的用餐顾客用完餐离座以后,后来的顾客准备上桌用餐之前,服务人员要收拾完餐桌的餐具、空酒瓶以及残羹剩饭等工作。

为了使等候已久的顾客尽快入座用餐,要求服务人员用最快的速度清台,但一定切记在工作中小心谨慎,不可忙中出错。尤其要照顾到周围的用餐顾客,以防残渣、汤汁等洒在身上。在清理地面时,也要照章办事,切不可用扫帚扫地和用墩布墩地,应用带手套的手将废弃物装入垃圾袋中。最后把提前准备好的台布铺平、铺正重新摆台,使顾客尽快用上餐。在此提醒服务员,在饭口翻台时,一定要做到一要快,二要稳,切勿大声喧哗,动作过大,以免影响用餐的顾客。

(5)协助客人点菜

当一个餐馆业务特别繁忙、用餐量大、用餐顾客多时,为了使客人尽快用上餐,缩短用餐时间,以增加周转率,服务人员应学会帮助客人点菜的技能。

有的顾客到餐馆用餐,点菜是件犯愁的事。这是因为顾客有的能从菜谱上直观确定菜的原料、口味和内容。比如炒辣子鸡丁这道菜,一般可分析出主料和口味。有些菜的名称难以估计,比如小笼八宝豆腐,那八宝究竟是什么呢?不得而知。再如乌龙戏凤鸽,这道菜那就更难以确认了(其实是鸽蛋海参一款菜)。这就要求服务员平时要多了解菜品知识,要了解本店所经营菜品的简单制作过程及口味、颜色等,更好地为顾客服务,当好顾客的参谋,必要时能迅速帮助顾客点出自己满意的菜肴,以提高翻台率。

(6)厨师出菜迅速

餐馆效益越好,顾客往往用餐时间越集中。这时需要厨师在加工菜点时必须快,才能满足顾客的需求。只有对厨房管理和厨师的具体工作有所要求,才能做好此项工作。其一,要求厨师在饭口时必须精神集中,全神贯注。其二,厨师要练就高超的技术和过硬的基本功。工作才能得心应手,熟练而迅速。其三,厨师要有思想准备,提前加工原料为正式烹调做好基础工作。厨房各部门要有团队精神,相互协作,相互补台,缩短出菜时间,保质保量,使顾客满意,为提高翻台工作做好配合。

21. 关于餐馆跑座问题

餐馆就餐的个别顾客,点完菜,用完餐,故意想方设法不结帐,“溜之大吉”逃之夭夭。结果服务员因跑帐受到经济处罚,企业效果受到损失。餐馆为了减少跑座现象,应加大管理力度,服务人员提高警觉。

(1)现象

目前餐馆都以先用餐后付款的服务方式经营。这种经营办法很受顾客的欢迎,大大地方便了消费者。但是有极少数顾客,利用客多忙乱的高峰时跑座。比如有的顾客来四、五个人,又是点凉菜、热菜,又是点火锅,由于点的菜多,价格也可观。待他们用餐差不多时,他们趁服务员工作正忙时先走两位,剩下的两位见机行事趁机再溜走。这种跑座现象没有经验的服务员是很难发现破绽的。

再比如两位用餐顾客想跑座,他们先是用餐,到用餐高峰时人多混乱,他们用餐也差不多了。这时两个人同时向卫生间走去,如果服务员询问,他们就说去卫生间;如果别人不注意他们会从后门或随人群溜出餐厅。以上两种现象值得注意,一般这种顾客是少数,他们用餐总是鬼鬼祟祟,而且这些人都着装简便,手中一般不拿包和其他物件。

(2)杜绝

为了杜绝餐厅跑座,餐馆经营者要经常教育服务员,特别是新上岗的服务员，要提高应变能力。要善于观察周围情况，工作时要精神集中，做到经常巡视自己所管辖的餐桌上的顾客，增强责任心。注意在顾客快要用完餐时，或正在用餐中几位顾客一起离位时，都主动向他们打招呼，并征求顾客是否还要加菜等事宜。如顾客用完餐需买单时，服务员应主动帮助结帐。总之要不断提高服务员的服务技巧，避免出现跑座现象。

22. 餐饮行业要有环保意识

俗话说，民以食为天，这是真理。目前由于社会的进步，生活水平的不断提高，人们早已脱离温饱而进入小康，要吃好、吃出时尚，这是当今饮食内容所追求的。相应地餐饮业也要提高环保意识并付诸行动，远离污染环境，造就出饮食健康的氛围。为了消费者用餐的健康，餐馆经营者应注意以下两点：

(1)净化油烟

每天做饭、炒菜，用火烹调必然产生油烟。餐馆是专业的饮食加工场所，每天成千上万的菜肴要在这里进行制作，油烟的排放量可想而知。据记载，北京全市目前有大、中、小餐馆近 3 万余家，平均每天要排放 8.3 吨油烟。为此，环保部门正在要求餐饮业安装"油烟净化装置"，以防大气污染为民造福。

目前，北京市餐馆年均油烟排放量高达 3000 吨，都是可吸入颗粒物的主要污染源。为了百姓和自己的健康，为了餐馆早日消灭人为的污染源，积极净化空气，根据相关法规，餐馆应尽快安装"油烟净化装置"，以保证油烟排放长期达标。

(2)瓷器防铅中毒

不久前有报道说："国家技术监督局对人们日常生活使用的陶瓷、饮食餐具做了一次检查，产品不合格率均在一半以上"，尤其是铅的溶出量大大超标。用这些餐具盛放食品，如水果、蔬菜等，便带有有机酸成分，一旦与食物接触后，会产生化学变化。长期使用，餐具上的锑、铅、氟等元素会随食物进入人体，将会使人体的内脏，包括胃、肠、肝、肾等器官和组织受到不同程度的损害，出现中毒现象，危及人们的健康。如何防止对人体的危害呢？

其一，不要购买和挑选颜色过于鲜艳的瓷器和餐具。应特别注意尽量不要选购颜色纯黄、纯蓝、纯红等色彩过纯的瓷餐具盛装热菜或食品。最好选用不带色彩的，或带浅绿色的瓷餐具，以减少瓷器含铅率。

其二，不要购买价格低的不合格产品和个体小摊贩出售的劣质瓷器餐具。

其三，鉴别瓷餐具是否含铅，一般有铅成份的盘子或碗（宫廷菜常用的“万寿无疆”瓷制盘和碗）用蒸锅蒸15分钟，瓷餐具表面如出现一层浅黑色的物质，就证明含铅量较高。

其四，要想减少瓷器和餐具铅的存在，办法是在使用新的瓷器餐具之前，先用食用醋浸泡半日即可使大部分铅溶解。

(3)环保用品

餐饮中长期存在着多种环保不达标的现象。比如餐桌上顾客使用的一次性竹、木筷子、消毒不合格的餐巾纸以及一次性发泡塑料餐具等。

据有关部门资料表明，北京餐饮业目前每天要接待就餐人员将近100万人次。过去一直使用一次性竹、木筷，每天所需原料消耗将近百棵树木，每年要消耗掉3万棵树木。这一惊人的数字说明，仅一次性筷子的危害力度就极大，它正以难以想象的速度在破坏着环境、破坏着地球。

有关一次性发泡塑料餐具，包括一次性快餐盒、一次性饭盒以及食品袋，由于用品含毒，消费者使用后会直接影响其身体健康。从1999年初开始，已明文规定应彻底淘汰一次性发泡塑料餐盒，但至今仍有部分餐馆继续使用。经营者应注意加强环保意识，提高重视的程度，为做好餐饮业的环保工作做出自己的贡献，使消费者吃出营养，吃出健康来。

23. 要提倡“绿色餐饮”

所谓“绿色餐饮”，简单地说就是餐馆在向消费者提供的产品应确保无毒、无污染、无假货危害，以及无不放心食品和不文明经营现象等。

为了保证消费者的健康，净化餐饮及其相关的市场，按以往的实践证明，只有提倡“绿色餐饮”并长期不懈地努力，做好宣传普及绿色环保知识并落实到实处，接受广大消费者的监督，才能真正使餐饮业走向“绿色餐饮”的境界。目前我国餐饮业发展十分迅速，在行业兴旺繁荣的同时，我们不得不承认在餐饮业发展的进程中，还存在许多不规范或者这样或那样的问题。

长期以来，由于传统的企业经营管理模式和理念占了主导。特别是在食品卫生，环境保护，原料的进、销、存，产品的制作，加工方式等等许多方面问题更为显著。由于对问题管理不严、抓得不紧，导致消费者食物中毒的大事时有发生。比如误食“含瘦肉精”的猪肉；误用亚硝酸盐中毒；受金黄色葡萄球菌污染中毒；生猪的私屠乱宰以及假货等现象。为了避免以上情况出现，餐馆经营者应从全局出发树立绿色环保意识，切实做好实际工作，杜绝失误，保证绿色消费。

要做好绿色餐饮工作，除了提高认识外，主要还在具体落实，必须有相应得力的措施，其办法如下：

(1)采购方面

第一，采购人员在采购烟、酒时，要与正式厂家、国家烟草专卖局及下属糖业烟酒公司采购，以防假货出现。

第二，对于调味品及罐头食品，最好到专卖副食供应单位购进。验收时必须注意产品的生产厂家、出厂日期、商标和食品的保质期等，缺一不可，不购买三无产品。

第三，要提高采购人员对采购工作的技巧和辨假能力，通过对原料的手摸、眼看、鼻闻等具体方法鉴别原料的真伪。防止购进不易发现的假木耳、假大料、假豆瓣酱、假酱油、假香油等。

第四，对于鲜活原料要防止掺假，如草虾代替基围虾。高档鲜活原料尽量要求由供货商提供暂养服务，以防造成经常性的原料品种的死亡，以减少损失。对于冰冻食品原料，切忌进有异味的鱼、虾等，对于畜、禽类要注意有无注水或不新鲜现象等。

第五，采购人员不进濒临灭绝和禁猎的野生保护动物，如活蛇、穿山甲、海龟等。不进残留农药化肥的瓜果、蔬菜。

(2)厨师方面

第一，厨师是产品原料验收和制作的关键，对于验收不合格的原料、调料及粮食油类等，一律不予验收和使用；已进的货物应一律退货。要坚持原则，认真把关。

第二，对于国家保护的动物，厨师不加工、不制作，严格杜绝走私和禁用原料制成菜肴，如熊掌、娃娃鱼等。

第三，厨房内冷菜间每天要坚持消毒制度，对凉菜的加工、制作及保管要按有关规定处理。粗加工切配厨师，在加工蔬菜时应先在水中浸泡，洗净后再切配，保证干净和营养。烹调厨师要注意食油经原料多次炸制后，即不再食用，以防止致癌物质的出现。

绿色餐饮观念是一个新生事物，也是一个老生常谈的话题。往往谈起来容易，但真正要做到也不那么简单。只要餐馆的经营者和员工能不断提高绿色餐饮意识，认真地去做，这些提示也就算落到实处了。

三、餐馆用人办法

1. 招聘员工要三思

开餐馆，组织好一支较为优秀的员工队伍非常关键，这是餐馆经营成败的基础。作为经营者对于招聘员工问题应慎重考虑，如：各类人员的比例；员工的具体编制；员工的来源以及员工的具体条件等等。要有充分考虑的时间和最后解决的办法，切不可事到临头，操之过急凑合了事。

一个餐馆究竟需要多少员工，应根据餐馆的规模、档次、营业面积、经营内容和业务能力而定。比如餐馆有甲、乙两家，其中经营面积、座位以及基本条件都略有相同，甲方经营的是烤鸭、家常菜及火锅，而乙方只经营朝鲜冷面。由于甲方经营的品种多而广泛，肯定需用员工数量要多，超过乙方。而乙方经营品种单一，操作起来也相应简单，所需员工的数量少。另外有些餐馆整日营业，有早点、午餐、晚餐和夜宵。有些正餐餐馆只经营午、晚两餐，其用人的数量多少就应根据具体情况安排和调整。员工的数量和比例一是直接会影响到费用，二会牵涉到正常工作的有序进行。所以在招聘员工的具体工作中，切不可有教条主义思想存在，应具体情况具体分析。总之应在保证员工切实做到劳逸结合和有利于身心健康的情况下，员工数量和各个部门人员比例应相对合理，一定要坚持精干、高效、节约人力为原则。为确保成功，企业可通过一段时间的试营业摸索经验，在适当的时期再进行必要的调整，从中取得经验以弥补不足。

餐馆在员工招聘中，其来源渠道有两种情况：一是内部来源，另一个是外部来源。内部招聘渠道在当今民营企业或家族式管理的餐馆中较为多见，如在餐馆开业之前经营者的亲朋好友、老同学、老上级上门推荐招聘对象。这些人员一般关系较硬，经营者也不好推辞，甚至逼得将一部分人员不管能力如何都放在重要的管理位置。长期实践证明这种招聘的结果，对企业有害而无利。由于这些人员认为自己有来头有优势，对企业制度和对自我的要求缺乏自觉。由于情面作怪，他们遵守纪律的意识淡薄，经营者也往往很难处理。因而在员工中影响不好，上下级关系紧张，员工之间甚至矛盾重重，无法工作。

对于外部渠道招聘员工，一般选择对象最好是经过培训的本市或外地中技、职高毕业的学生和下岗职工。此类人员一般通过面试、考核择优录用。他们求职欲望较高，一旦上岗对工作有上好的表现，能遵守企业的各项制度，其技能较为可取，因为有基础上岗后能胜任本工种工作。不利的是一般对他们的具体情况不够了解。有些人工作的地方较多，社会经验较丰富，善于观察情况，容易见异思迁，把个人得失看得较重。

由此看来，人员的招聘工作是个复杂的过程，作为经营者为了选好人才，应三思而行。根据以上的几种情况，结合自己的实际，要选好各个部门的员工不是容易之事。

2. 厨师的招聘

一个餐馆供应的鲜美可口的菜肴，出自于技术高超的厨师之手。顾客进入餐馆用餐，除了环境的优雅，服务人员的热情接待是一种享受外，对于能品尝到色香味俱佳的美味佳肴是更大的满足，可见厨师在整个餐馆中的重要作用已不言自明了。

厨师在餐馆中占有举足轻重的位置，其技术水平、菜肴特色和受顾客欢迎的程度，都直接影响着企业的经济效益。所以餐馆在选择厨师时决不可轻率从事。

厨师是餐馆加工、制作菜肴、食品的主要生产人员。其内部分工为:灶上厨师(炒菜)、配菜厨师(切配)、凉菜厨师(冷荤)、白案厨师(面点)、烧烤厨师(烤炙)以及粗加工等。厨师工作较为复杂,技术性较强。由于各地的风味不同,各餐馆经营的具体内容也不一样,在招聘厨师中应提前考虑,不同的风味招聘不同的厨师。

(1)社会招聘

这种招聘方法一般比较普遍,是由经营者首先与业内人士取得联系,协助先聘用厨师长或技术顾问,再由厨师长或技术顾问协助聘用其他工作岗位的厨师。其招聘方法有以报纸刊登广告招聘和他人介绍招聘两种。但都要进行正规的面试、考核、试用,合格者才正式聘用。

(2)学校招聘

餐馆需要什么样的厨师应先与省级、市级有关专业厨师培训学校、职业高中提前签定用人合同。适时到当地面试选择合适的厨师,以组成厨师班子。由经营者提前选中的厨师长进行培训,做开业前的技术素质的训练。因为这些人员基础好,受过专业训练,只是需要进一步的规范和统一就能上岗。这些人员年轻、有朝气、肯吃苦、干劲足,但缺乏经验和较高的技术水平。需要岗前岗中的长期培训,只要有个好的领头人,这支队伍会有发展和实力的。

(3)承包厨房招聘

这种招聘是由厨师长承包厨房,自己组织一套厨师班子来承担餐厅厨房的所有加工、制作工作。有与经济效益挂勾和不挂勾两种工资发放标准。这种招聘厨师的方法,实践证明经营者可省去找厨师难的苦衷。但是对这种方式使用的厨师容易产生纠纷,从整体上管理困难多,不易对厨房工作进行控制,甚至会给餐馆带来不必要的损失。目前许多餐馆很少使用这种方式进行招聘。

厨师的招聘是企业录用人员的一件大事,往往开始人员基础打不好,厨师调换频繁会使企业遭受更大的损失,所以招聘厨师无论采用哪种方式都应注意以下几点：

第一，所选中的厨师长或技术顾问，首先应考虑工作经历、经验以及技术、技能、专业知识面、在行业中的知名度以及管理厨房和用人的能力。

第二，在面试合格的基础上，注意厨师的综合素质，主要考核专业技术、技能、协作精神以及责任心，要有相应的技术等级证书。

第三，无论那一种方式招聘的厨师，都应试工后再正式录用，以便更确切了解厨师的真实情况，以防名不副实，影响工作。

3. 餐馆员工队伍要稳定

就目前来讲，餐饮行业是人员流动较大的行业。由于种种原因，员工的有序或无序的更换是经常的事。因此人才的流动、技术和服务的流失，也是餐饮业经营者很头痛的事。因为人员无原因的随意更换以及自然的“跳槽”，不但会失掉许多的回头顾客，使企业经济效益受到严重的影响，而且使餐馆的管理、培训以及正常工作无法得到落实，甚至长期处于较为被动的地步。为了保持员工队伍的稳定，首先经营者应重视从中找出员工队伍不稳定的因素，力求克服，使员工竭尽全力为企业工作。为了使员工工作情绪稳定，应从以下几方面考虑：

(1)工作条件

首先，考虑厨师工作。餐馆中的厨师工作较为辛苦，一年四季都要在高温油烟环境中干着较为单调的工作。这就需要经营者为其工作的条件、环境给以合理的安排和周全的考虑，尽可能为他们的工作和技术发挥提供方便。比如：在餐馆装修设计上应尽量考虑到厨房的面积、高度以及厨房工作条件与设备齐全，使他们在工作中得心应手。否则，工作环境的简陋和不完善，再加上劳动强度大，会大大影响员工的工作情绪，长此下去员工会出现调离和流动的想法。

其次考虑服务工作。服务人员在前厅的工作环境相对较好。但如果工作时间过长，人员不足而产生的工作量过大以及无法休息等，也会使员工得不到休息造成心情不佳或心里压力过大。如果服务人员每天都在这种忙乱的工作环境中工作，还要坚持立姿服务、微笑服务、长时间的行走和重复性的工作，会使其体力难以恢复，也会产生疲劳和对工作的厌烦，再加上有时遇到不顺心的事，也会产生调换工作和跳槽的念头。

由此看来，餐馆内的工作人员由于工作范围和性质不同，必须合理安排好他们的工作，要求经营者除规定出必要的企业制度要员工无条件的遵守外，还应尽量给企业员工营造一个良好的工作环境和氛围，使员工有发挥自己才智的可能。

(2)领导方法

开餐馆为了能够盈利，需要经营者有足智多谋的头脑，尤其在用人和领导艺术方面应有一定的方略。否则会损伤员工的感情和情绪，时间长了，也会产生“身在曹营心在汉”。

首先，要办事公道。所谓公道即经营者在解决员工间的矛盾过程中，要坚持公平性的原则。经营者对某些事情的最终处理如何，对员工的工作积极性及思想的稳定性会起至关重要的作用和影响。在此，要求经营者在处理员工问题上要一视同仁、以诚相待，尽可能地深入了解他们的内心世界，用真心去解决员工的各种矛盾和问题。一碗水要端平，无远无近，无薄无厚，否则就会失信于员工。

其次，信任为本。用人不疑，疑人不用，是常说的一种用人的原则。只有经营者充分信任员工，大胆放手使用员工，才能取得每个员工对企业的责任感和自信心。

《三国演义》中记载：刘备一次忽被曹操骑马追至当阳长板，在此忙乱之间，突然有人来报，说赵云已降于曹操，这事当下如何？刘备由于对赵云深为了解，而且百信而不疑，当即便说：“子龙乃忠义之士，是我知交故友，此患难之际，料子龙必不弃我也。”果然不久，赵云救回后主而归。

这里所述的故事充分表明了领导对部属信任是何等重要，会成为团结的精神力量。一个餐馆的明智经营者也同样，尊敬、信任员工不但能充分体现出经营者的宽广心胸和诚恳的人品，而且可以使“信任”变成一种动力，刺激员工竭尽全力，做企业的主人。相反，如果员工经常成为被怀疑的对象，他就会失去信心，心灵受到创伤，离店的心是难以收回的。

再次，要感情投资。目前，餐饮业中应着重加强与所有员工经常性的沟通。这里所说的沟通指的是经营者无论用语言或者行动，都应以心换心，对员工关心爱护，以安抚体贴为原则，关心他们的生活、工作和情感。经营者应时常走出你的办公室亲自与员工对话，去解决员工的实际问题和困难。这就需要经营者首先要放下领导的架子，采取多种方式，比如工作之余开玩笑、拉家常、说趣事等，尽量与员工缩小距离。从而增强相互间的信任和了解，这种感情投资法，将大大提高员工的团队精神，增强爱店程度和长期与经营者合作的吸引力。反之，经营者与员工经常处于紧张的上下级关系之中，双方都会存在严重的临时观念和雇佣思想。如果经营者对员工漠不关心，双方情感得不到沟通，那么，员工想离开店的日子可能就不远了。

4. 餐馆要请经验丰富的厨师做指导

对于一个餐馆来说，厨师所起到的作用是不言而喻的(在前面已有阐述)，餐馆里的有形产品——菜点，只有通过厨师的技术，才能体现出优劣。目前餐馆经营者考虑企业效益和成本较多，在用厨师上却只图工资低、工作时间长，只选择外地工，忽视了厨师技术的重要性。很少有经营者考虑请一位富有经验的厨师作为专门技术指导，使餐馆的菜品质量大有长进，菜肴品种更加丰富，创新菜品层出不穷。很显然，只有具有较高管理水平的厨师来管理厨房和指导厨师工作,才能使厨房工作走向量化管理、规范化管理,才能赶上时代的潮流,也才会使企业的效益逐步体现出来。

(1)经验丰富的厨师技术全面

就一般而言,有经验的厨师都有一定的阅历及实践工作经历。他们无论从管理厨房和烹调技艺上都要比一般厨师高出一筹。到目前为止许多餐馆的经营者或新厨师,往往看不到这一亮点。

当今消费者有目共睹的是,整个餐饮业各家餐馆所经营的菜品,无论风味是川、鲁、粤、烤鸭、家常菜都是一个味,甚至粗制滥造没有各自的特色。如此下去企业的经济效益如何增长?回头客又怎能再回头消费?

在一个四星级饭店举行的婚宴上暴露出几个问题:其一,厨师长不会开宴会菜单,不但席间上菜程序混乱,而且一桌酒席前后出现三种鱼类菜品。其二,其中两道菜品,加工制作上犯有原则性错误。比如一道"油焖大虾"色不红而发暗,不应上芡粉而勾了芡粉。另一道"干烧黄鱼",味道先不提,本应有的四种配料没有放,烹调的方法似"红烧"而非"红烧"。从中不难看出,由于饭店没有有经验的厨师主理和指导,一些所谓的"厨师"在随心所欲地发挥自己的"特长",做出的宴席不伦不类。

(2)有经验的厨师物有所值

有人讲:"大牌厨师的薪水有些高",但殊不知什么叫物有所值。作为经营者在开餐馆中,很想和一位有实践经验、技术又高超的厨师合作,但往往又怕薪水高。对于有经验厨师自身的含金量和所创造的价值不可轻视。如果能聘用大牌厨师,不但能在短期内改变厨师队伍的整体素质和技术,还可迅速突出餐馆的菜品特色,增加菜肴品种,不断创新。这样,使大多数厨师对菜肴的加工、制作都有明显的提高。同时能协助经营者解决短期亏损、业务下降的问题。俗语讲:"千军易得,一将难求"讲的就是这个道理。既是人才就绝不可轻易放过,只要对企业有用就不惜重金聘用。

(3)有经验的厨师有责任心

有着丰富工作经历的大牌厨师，一般都在多个地方担任过厨房主管、厨师长、行政总厨、餐饮总监或技术顾问等职。由于多年的工作实践会有许多好的领导方法和处理问题的能力，他们不但懂技术而且参与管理，所以是餐饮业中不可多得的人才。这些人经历多，有丰富的处理问题的手段，解决问题会抓住要害，让人心服口服。最使人仰慕的是这些人年龄都在中年以上，有较强的责任心，是一般厨师难以比拟的。他们对工作既执着，勤勤恳恳，对技术一丝不苟，对所出品的菜肴要求规范，品味较高。如果开餐馆能与有经验的名厨合作，不但厨房的技术会有提高，工作稳定，还会使厨房中的跑、冒、滴、漏和降低成本问题得到解决，从而使餐馆的经营稳中有升，财源茂盛。

5. 如何善待名厨

一个经验不足的餐馆经营者渴求名厨的心情可想而知。

初次步入餐饮业的老板由于缺乏经验，缺少真正的技术人才和管理人才以致经济效益不理想。此时此刻如能找到一位业内有经验的名厨，协助企业策划管理进行技术指导，便能解“燃眉之急”，使企业在短期内有所建树。

请来名厨找出店内问题的根源，效益会有所回升。但同时经营者与名厨间会在工作中产生一些分岐和不同意见，这是很正常的，作为经营者要能虚心听取名厨的不同意见。这里应提醒经营者，开餐馆还是用内行人为好，应善待他们。在这里需注意以下几点：

(1)用人不疑，疑人不用

餐馆既然与名厨合作，就应相信他们能把工作做好。应处处给他们提供工作上的方便，多听取并采纳他们的意见，要给他们一个施展自己才能的天地和机会。铲除雇用观念，努力齐心合作，最大限度地使他们将自己管理和技术的能量释放出来。相信他们的责任心，相信他们有能力胜任本职工作。

餐馆通过他们的管理和指挥，各方面都会有改观。名厨也应用事实来说明问题，让经营者尝到甜头，得到认可。在平时的工作中，经营者应尊重他们的建议和决策，切忌指手划脚、婆婆妈妈，使他们无所适从，难以接受，以致合作夭折。

(2)要关心名厨

目前有些餐馆对聘请的名厨不能正确对待。对名厨提出的技术、服务等方面的许多问题和不足，不能虚心听取，而是产生逆反心理，让名厨难以工作，积极性不好发挥。

有经验的厨师一般年岁偏高，企业将他们请来主要是发挥他们的智慧和特长，所以应尊重和善待他们。除正常工作外，要多从生活上给予照顾，身体健康要关心，语言上要满足，人格上要尊重，在休息和工作时间上给予方便。为他们的工作能力发挥提供尽可能的条件。要教育一般厨师学会尊师，从名厨身上学到更多技艺，为企业多作贡献。

6. 要发挥厨师长的作用

无论是大饭店或者小餐馆，凡是有厨师的地方就必定要有厨师长。厨师长顾名思义即一厨之长。厨师长的工作经历和烹调技艺高低，都会直接影响整个厨师队伍的精神面貌，也能看出整个厨师队伍的技术水平。同时，一个厨师长在厨房管理上的水平高低，会关系到一个企业的经营效益乃至兴与衰的大局。

一个餐馆如能有一位德高望重的经验型厨师长，或者有一位年轻有为、有良好综合素质的开放型厨师长，都会使企业的厨师之间相互团结，目标一致，形成一支觉悟高、厨艺精的厨师队伍。他们不但能做出独具特色的美味佳肴，而且能创出一批顾客认可的新品种风味菜点。

综上所述，一个餐馆要想在效益上蒸蒸日上，红红火火，永盛不衰，就必须有一个好的厨师长，并给予其权力，让厨师长充分发挥他的作用。

(1)职责

第一,厨师长在餐馆经理的直接领导下,负责厨房的组织领导和业务管理。抓好厨师的思想工作和技术指导工作,了解并掌握每个厨师的特长,安排好厨房工作。调动厨师的工作积极性,妥善处理厨房内发生的问题,认真作好记录,及时如实汇报工作,做到对经理负责。

第二,要了解掌握企业每天的业务情况,做好厨房的劳动调配和各部门工种间的协调工作。统筹安排好每个环节上工作的重点,督促检查上岗人员的考勤及厨师工作中的表现。根据具体情况予以奖惩。

第三,负责处理平日菜点质量的把关检查工作,负责指挥重要宴席菜单的设计。如有重要接待任务要亲自烹调制作,并随时督促各部门工作任务的完成。

第四,负责和掌握货源及原料价格,防止货源短缺、不足或变质。抓好成本核算,减少消耗、堵塞漏洞、降低成本。

第五,负责抓好厨师技术培训工作,其中要着重落实技术考核和技术交流。做好传帮带,组织厨师经常技术练兵,不断提高烹调技艺水平,尽可能地不断增加菜点的花色品种和创新内容。保持和发挥本餐馆的菜品特色和地方风味。

第六,厨房在厨师长的领导下,要经常与餐厅服务人员保持紧密的联系,相互支持工作,经常主动听取服务员或通过服务员反映顾客的意见,以便不断改进厨房的工作。

(2)技能

第一,厨师长应有全面质量管理的基础知识,系统掌握厨房技术管理的水平。具备全面指挥、组织厨房业务的能力。

第二,厨师长应熟悉各种零点、宴席的设计能力,本人应具备高级烹调师以上的烹调技术水平。能根据具体业务情况,调配和指挥各组(烧烤、冷菜、面点等)有条不紊地开展各项工作。

第三，厨师长应具有撰写一般工作报告和工作计划的能力，具备厨师培训中的理论授课和菜肴实际操作示范的能力，并掌握各式菜肴色、香、味、形俱佳的质量标准认证能力。

第四，厨师长应熟练地掌握厨房各种机械设备、电器开关的性能及使用方法，并能保养和小修。

第五，厨师长应熟知卫生法以及餐馆所有的规章制度，并能以身作则自觉遵守。

7. 如何选择满意的服务员

作为一个服务性很强的餐饮行业，如果能达到让消费者“高兴而来、满意而归”的服务水准，那也是一件十分不容易的事，同时说明这家餐馆中服务员挑选得非常成功。

由于餐饮市场的日益扩大，给消费者带来许多方便。随着人们生活水平的不断提高，消费者对于饮食的观念也发生了很大的改变，从原来的吃饱、吃好，到吃出营养和吃出健康，同时对餐饮业的服务工作要求也越来越高了。因此，餐馆也不得不去更好地研究服务质量，归纳当前餐馆存在的几种现象，并针对自己的情况加以改进，使服务水平更上一层楼。

第一种服务。

这里要介绍的是一种不太合格的服务现象，其涉及到的服务员，多是外地打工的年青女性。她们有的从来没接触过餐饮服务业，干起工作来不知所措。有的虽然零零散散干了一年半载，但对很多服务程序和服务技能还没有领会。由于餐馆的经营者贪图用工报酬少、时间长、无公休，就聘用了。这种服务员在工作中一般沉默寡言，领导让干什么就干什么，不多说话。她们缺乏基本的业务知识和综合素质，看别人怎么干，自己便模仿着干，不太注意自己的仪表仪容，个人卫生差，动作缓慢。顾客点菜时，点一个菜记一个菜名，甚至字迹不清，错别字连篇，文化素质较低。这种服务员一般多在小型面馆或路边小饭铺以及大中城市中规模不大的餐馆中。

第二种服务。

这种餐馆中的服务员，她们均在高、中、低不同档次的餐馆中工作，有一定的服务水平和技能。工作时间较长并有相当多的实践经验，工作时表现较泼辣，很注重个人得失。比如，企业规定服务员在营业中谁卖的海鲜或鱼类多，分红就多奖金就高，于是她就格外地努力推销。但有的对顾客不以诚相待，看人下菜碟，以衣帽取人。对点一盘花生米和一瓶啤酒的顾客就看不起，对享受型和求新型的顾客则以高额利润菜品和酒水推荐。对顾客存有戒心，有问必答但从不多讲话，该做的工作都能做。这样的服务员总是不让就餐的顾客满意，但又难以抓到她什么小辫子。

第三种服务。

这种服务员均工作于中高档餐馆、酒楼中，有工作经历，受过高等业务技能和专业知识的训练。她们有多年的服务工作经验，特别注重自己的仪表、仪容。工作时动作敏捷、姿态优美、服务规范、说话和气，并有主动向顾客介绍菜品的能力，主动帮助点菜。对本店经营的一般菜、特色菜以及每款菜的色、香、味、形和具体加工方法都了如指掌，能恰如其分地与厨房厨师配合做好销售工作，上菜适时、稳重，并不时地向顾客讲解菜品的内容和典故，使客人用餐非常满意。

以上三种服务现象，除一、三两种外，第二种现象应该说较为普遍，就是在许多星级饭店里也同样会存在。因此，作为餐馆的经营者应重视服务质量，注意到服务在实际工作中的细节，选好每一个服务员，这是企业至关重要的大事情。

那么如何选择服务人员，解决以上服务现象中的不足呢？

第一，在招聘服务人员时考核十分重要，对于服务员的文化知识、形象、反应能力、工作态度都要进行面试。

第二，服务员的来源应尽量从专业技校、职高毕业生中招聘，她们具有基本素质和业务基础以及应变能力，对于岗前培训接受较快，能独当一面。

第三，服务长应通过业内有关人员介绍，年岁相当、技术过硬、思想稳定、为人正派、工作能力较强，由业内有经验的人担当。

第四，不管哪一类服务员，在招聘上岗前，都应进行企业内培训，并实行定期试岗，以达到更好的效果。

8. 安排好员工的吃与住

在餐馆工作的员工非常辛苦，关心好员工的生活，也是对经营者综合素质的一种考查。

事实证明，将员工的衣、食、住、行等问题，搬到议事日程上来是非常必要的，尤其是吃与住更加实际。

目前餐饮业的员工中，大多数以外地员工为主。他们远离自己的家乡，其本身的生活环境和习惯都在改变，有些不适应。这里强调的吃与住问题就更应成为经营者重点考虑的问题。但有许多餐馆经营者正是忽视了这个问题，结果造成许多不愉快的事情和损失。

吃，有些经营者不太注意员工一日三餐的合理安排和调剂。甚至为了私利，减少企业的开支，竟然将一日三餐改为两餐，也就是上午 10 点午餐，下午 4 点晚餐。还有一种是中午 2 点以后午餐，下午 9 点半以后晚餐，缺一顿早餐，安排得很不科学。员工饿着肚子怎么干好工作呢？从工作餐管理上看是有问题的。造成了缺夜餐的员工，在下班前垫补。缺早餐的员工也不会空着肚子去干活。久而久之他们养成了随便拿、随便吃的坏习惯。原来经营者是想拣芝麻，结果却丢了西瓜，增加了看不到的支出。

还有些经营者，给员工安排每日三餐，餐餐两菜一汤，不是炸鱼就是炖肉，想用这样的方法拴住员工。当然这样的经营者为数不多，也多发生在国有企业中，殊不知用这样的方法，结果也会适得其反。

总之,以上这些企业对待员工吃饭问题上的做法不太正确。为了企业“大前方”的工作顺利进行,应尽量做好后勤工作。经营者应重视员工用餐,合理安排伙食的内容、时间、标准等,切忌无序。

住,餐饮业外地员工较多,为解决好员工住宿问题,餐馆的具体做法不同。

第一种方式店内留宿。一些经营者为了省事省钱找员工方便,采取店内住宿。有的男工住前厅,女工住雅间;有的小餐馆由于面积有限,常常会搭地铺休息。老板觉得省开支,还可兼顾保卫。殊不知这种方法长期下去是不可取的。其一,不符合饮食卫生要求。其二会出现人为的意外事故和矛盾。员工身体得不到适当的恢复,晚间休息不好,影响第二天的工作效率。

第二种方式租赁宿舍。为了节约支出,迫不得已租些价格较低的房子作为员工宿舍用,条件较差,其情况如下:

其一,租赁的房屋多为老楼的地下室或半地下室结构,阴暗潮湿,缺乏正常通风条件。

其二,设备条件较差,冬天无暖气设备,夏季无风扇,冬不暖夏不凉。有的上下水不便,盥洗条件差。

其三,员工住宿面积小而人员多,一个十平方米的房间最少住进10至12人。空间不大,人员活动范围小,空气混浊,员工休息不好。

其四,有些员工宿舍一间房内住两个单位的员工。虽然关系较熟悉但缺乏安全感,并易出现这样或那样的矛盾和问题。

其五,租赁的员工宿舍离餐馆距离过远,有的甚至长达3至5里路,上下班很不方便。

总之以上所涉及到的住宿问题目前中小餐馆都存在。此做法既有碍员工的正常休息,又影响他们的身心健康。

“关心群众生活,注意工作方法”,这是我党对领导干部长期的教诲。经营者开餐馆解决好员工的吃住问题,也能体验出领导的综合素质水平。合理加强对员工生活上的管理,关系到餐馆的整体利益。从长远的角度分析，员工的吃、住问题解决好了，既能使员工时时感到有愉悦感，也能使他们精力旺盛，身体健康，提高工作效率，从而使企业有旺盛的生命力。

9. 重视和组织员工的培训

为了不断提高餐馆员工队伍的整体素质，员工的培训工作显得十分重要。它不但是在激烈竞争的商海中较为先进的管理方式之一，也是餐馆经营和求得发展的重要管理环节。员工经过正规培训，不但可以提高本身素质、爱店精神和服务技能，也可规范餐厅各部门的管理。从而树立企业形象，提高企业的经济效益。

餐饮业培训的方式一般分为两种，一种为岗前培训，另外一种为在岗培训。岗前培训一般多为饭店、宾馆、大厦等大型企业所采用。因为较大的企业部门设施齐全，有条件、有精力、有时间做好岗前的培训。岗前的培训工作，是利用专门的培训机构，对即将上岗的各个部门的员工，有针对性地进行系统培训。他们专业性较强，又有充分的时间。有条件的中小型餐馆也可利用这种方式。在岗培训一般多为中小餐馆所采用。由于条件的限制，餐馆开业后对招聘上岗的员工一面工作，一面培训。尤其对个别的工种如厨师、服务员、采购等的培训工作应根据具体需要分别培训。以上两种培训方式培训完毕后，都应对员工进行考核，考核合格者上岗。

员工培训的内容，一般可包括专业技能培训和职业意识培训。另外一些大型餐饮饭店，根据本店的档次和对外经营上的需要，在培训内容上要求更高更细致，也可增加相应的制度培训、文化知识培训、职业道德培训以及敬岗敬业培训等等不同内容的培训。

一般中小餐馆规模不大，除适当地进行一些必要的职业意识培训外，应多侧重于几个工种的主要技能培训，以完成好本职工作，打好企业的基础。

员工的培训工作是一项长期、细致的工作。经营者在经营企业的业务中，一定要把培训工作做得认认真真、扎扎实实、坚持不懈、不走过场。要不断完善培训计划，提高培训质量。培训后的员工，从思想、技术、作风和纪律上都会得到提高，经营者尝到甜头，培训工作的热情便会更进一步。

四、对厨师工作的要求

1. 厨师的基本职责

餐馆厨师在整个餐饮工作中，占有举足轻重的地位。一个餐馆经营的优与劣，取决于厨师加工制作菜点的水准。因此对于在厨房工作的各个不同工种的厨师，必须在完成任务的同时，还要建立明确的职责范围，以求得他们更好地完成本职工作任务。

(1)加工厨师

厨房的加工是根据原材料的规格、数量进行选料、涨发、洗涤、宰杀等工作，对原料进行初步加工。其职责是：

①负责对原料的认真拣剔、洗涤、宰杀，保证加工原料的清洁卫生。

②负责对购进的各种水产禽畜，分别进行剔、剐、宰、劈、泡等细致的加工，对于加工过的原材料保持色、香、味、形，不破坏其营养成份。

③加工厨师应树立质量和效率意识，负责根据原材料不同部位的不同用途分级加工，分级利用，提高出成率。对原材料的下脚料注意综合利用，要物尽其用降低成本。

④负责搞好工作场地的卫生，搞好个人卫生，保持服饰整洁，避免污染食品。

(2)切配厨师

主要掌握原料的规格、数量以及质量，经刀工切配完成菜肴的主料、配料的组合。其职责为：

①厨师与领导沟通后，负责掌握营业当天宴会和零点客人的流量情况，并加工备齐各种食品原料。

②按规定的数量和质量组织厨师进行烹调前的原材料刀工处理。并在适当时候，预定隔天所需原料和领取当大需用的各种食品原料。

③应掌握原料的储备情况，冰箱中存放原料的时间。推陈出新，保证原料新鲜度，并防止出现原材料的积压和短缺现象。

④负责与加工间和烹调厨师的密切配合，以保证出菜的速度和菜品的质量。

⑤认真按操作规程进行切配，搞好切配间和厨具的卫生。

(3)烹调厨师

烹调厨师根据菜品切配的主料和配料及调味品，经热加工处理，利用不同的烹调方法，使原料加工成菜品。其职责：

①负责了解和掌握客人的流量、宴会多少、成品规格、要求等，根据菜单准备当天所需用的各种调料、佐料和器具。

②认真按每道工序的操作规程去做。严格区分各种烹调方法的标准，保证菜肴本身的特点和风味。

③准确掌握宾客进餐时间，严格按菜肴上桌先后顺序出菜，尽量使客人满意。

④要经常主动与其他加工车间及前厅取得联系，相互沟通协调，共同把好菜点质量关。

⑤要负责灶台卫生，用具清洁，厨具码放到位，下班后应检查水、电、门窗的安全情况，煤气应专人负责，以防事故的发生。

(4)冷荤厨师

冷菜厨师主要应完成切、配和拼摆冷菜的工作。其职责：

①负责了解当天的营业情况，根据宴会和菜单的开餐任务，准备加工的原料、调味品和成品，以保证足够的供应能力。

②负责加工制作各种冷盘菜肴，熟悉加工技术。根据需要熟练切配、拼摆各类花色冷盘。

③负责按食品卫生的要求，对瓜果青菜消毒冲洗，处理加热消毒隔夜的菜品食物。要按先加工先出售的原则出售冷菜食品，把好食品卫生关。

④负责冷菜间的紫外线消毒，保证各种厨具容器的卫生标准，个人卫生要达标。冷菜间要严禁其他人员擅自出入。

(5)面点厨师

面点厨师负责加工各种面食、面点、小吃。其职责：

①负责根据当天营业情况，宴会的标准规格以及客人的风俗和特殊要求，准备各种面食的设计、加工和制作。

②根据具体的制作品种，提前准备所需的发面、油酥面及各种馅料和加工的工具。

③面点制作应坚持四定原则：定质、定量、定标准、定成本，严格按照操作规程加工、制作，保证产品新鲜。

④不断研制、创新新的品种，丰富点心的花样，让客人有选择的余地。对加工食品的烤箱或其他机械妥善保养，保证安全生产。

(6)烧烤厨师

专业烧烤厨师负责对于禽畜肉等菜肴烤炙加工，烧烤菜品在烹调中占有重要席位，对于具体工作职责也有不同要求：

①在烤炙食品之前，应仔细检查所购进的乳猪、鸭胚以及其他禽畜原料的质量，对于破皮、有伤痕或不新鲜的应禁止加工。

②要根据营业情况提前加工、腌渍原料，保证菜肴口味质量合格。做好烧烤前的准备工作，避免因客人的等候时间而影响业务正常进行和需要。

③严格掌握烤炙工具的使用方法和性能，负责烧烤设备的维修和保养，了解烤炙不同质地原料加工的火候、技术原理，识别火焰温度变化。要经常搞好烧烤间的卫生工作。

2. 保障厨房设备完好

餐馆厨房中增加适当的机械和设备，不但能大大提高生产力，而且对于生产产品的规范化、数字化起着重大的作用。设备完好也能相应地减轻厨师的劳动强度。

(1)设备的选择

①厨房设备选择应根据不同的档次和经营的具体情况而定。一般的餐馆如果购进设备过于高档，数量品种过多，不但没有必要而且会加大资金和成本，得不偿失。

②购进厨房设备应根据厨房的规模、内部面积以及具体环境而考虑。应该以厨师工作方便、易于检修为原则。

③应选择能源耗量较低、节能、体积小而功率大的厨房设备为好。

④应选择无污染、无高位噪音、安全系数高、各类防护措施强的设备，如红外线自动控制系统，以防出现工伤。

(2)合理的使用

①正确地合理使用厨房设备也是餐馆重要管理内容之一。通过经营者制订有效的厨房设备管理办法及正确执行条例，可使各种设备合理使用，减少不合理磨损，避免不合理的损伤，从而达到减少故障、正常运转、增加厨师劳动生产率的目的。要想更好地多出产品、出好产品，在设备的具体使用上应做到：具体使用某个设备的厨师必须掌握其设备的性能、工作原理和使用方法。应熟知“四懂三会”，四懂即懂设备性能；懂设备结构；懂设备原理和懂设备用途。三会为会使用设备；会保养设备和会排除其设备的故障。要完成“四懂三会”，企业对使用设备的人，要加强管理和具体培训。有专人负责，比如切羊肉片机，应该谁使用，谁负责。也就是从机械的使用、保障切出羊肉片的质量和规格，到定期检修、保养、排除故障都有专人管理、专人负责。

②工作时按操作规程办事，机器运行中不说笑打闹，精神要集中。在机器开动后不要离开工作地点，如听到异常声响要及时停机。

(3)正确的保养

厨房设备的合理使用和维修是非常必要的，但更重要的是定期保养。实施正确的保养措施，才能减少厨房设备的不正常损坏，避免不必要的经济损失。

①使用设备的厨师应根据其设备的功能自我保护设备。比如各类保存食品的冰箱，在正常运转情况下应三天至一周内人工化霜一次。一般保鲜冰箱保持温度应在0℃至5℃之间，而冷冻冰箱要求温度保持0℃至－20℃之间，或者更低的温度。如果冰箱里制冷管挂霜过厚，必然会使制冷受到影响，再加上取用食品时经常要开冰箱门，冰箱内储存原材料和食品过多，都容易造成冰箱电机几乎不停机的状态。如果时间过久地不停地运转，电机也会出现“力不从心”的停运或损坏。按时化霜也是一种积极的保养冰箱的方式。其他厨房设备也是如此，比如切肉片机、绞肉机，定期上油，经常磨刀刃等也是很好的保养方式。

②厨师在使用设备时，要与修理人员经常取得联系，反映设备的使用情况。如实反映设备具体有何毛病和问题。请修理人员及时协助抢修，把设备的故障消灭在萌芽状态。

③厨房应建立专人负责设备保养制度，定期检查与平日巡视设备运转相结合。平时做好日记录，有问题应及时上报及时维修。

④维修人员应建立定期对厨房设备的检修制度，并在使用上有监督权力，避免出现设备事故和损坏情况，保证设备的完好程度。

3. 要建立菜肴制作质量检查制度

宾馆、饭店或中小餐馆的厨房是菜品加工制作的唯一场所。厨师能否制作高质量各类菜肴并保持其稳定性，历来是餐饮业经营者相当关注的问题。

大家深知目前餐饮业厨师所制作菜点，除个别需设备、机械加工，绝大部分仍以手工操作为主(特别是中餐)。这样往往会在加工制作技术方面难度较大，再加上厨师个人烹调技术上的差异以及厨师个人的文化素质、综合素质、工作经验的不同，要想使客人所需的菜品完美、规范并不是一件容易的事情。近年来，餐馆为了达到菜品质量标准，促进厨师技术水平不断提高，也曾想了许多办法：比如曾实行“带号上菜”，即厨师烹制好的菜品盘边贴上代表该厨师的号码，一旦菜品质量出现问题可便于查找。这种方法可对厨师工作有一定的约束作用，但仍会有许多弊病存在，如菜品上桌后客人会感到缺乏档次，不够卫生，另外菜品质量只能针对烹调厨师有所制约。

一个菜品的加工制作过程需通过多道加工程序才能完成。菜品的烹制是整个菜的制作的最后一道工序，如果前面工序出了问题必然就影响烹制的效果。所以归根到底检验和控制菜品质量应从厨房管理的源头抓起，选择综合质量控制方法。加强对厨房生产加工运转的各个车间、各个阶段产品规格的统一管理，并建立切实可行的菜肴制作质量检查制度，以保证餐馆出品的菜肴质量的稳定规范。

一旦企业制定了菜品质量标准和对厨师每个环节不同的要求，经营管理者就应切实培训和严格要求，不断地抓落实和督促检查，有效地管理好加工现场。

(1)检查初步加工工作。

初步加工工作主要指菜品的初步加工过程。其中主要包括干货泡发、蔬菜拣剔、畜禽宰杀等等。这里要求原料加工的质量应规范，为配菜厨师提供方便。其中包括原料加工完整、刀口规范、出成率合理，保证原料新鲜、卫生等。有些不合格的产品，应禁止加工，并及时向采购申请退换。

(2)检查配菜加工工作

配菜工作是为烹调师提供菜品主、配料的最后一关,也是厨房整个烹制过程中重要的中间环节。首先,配菜厨师应在工作中严格设定每种菜肴的主、配料品种,各有特色,不应重复。保证一桌菜几种菜品的主配料质地不同,颜色不同,口感不同,让顾客有新鲜感。配菜厨师应保证配制的菜肴重量标准,要会使用计量工具,以免出现菜量忽多忽少的现象。配菜厨师还应严格按正式菜单或宴会通知单配菜,避免出现配菜重复、错配、漏配等现象。配菜要讲究刀工处理,保证菜品美观,原料成形大小一致,无连刀现象。

(3)检查烹调制作工作

烹调制作在这里是指加工好的热菜原料通过加热、调味、装盘等程序做成热菜。需要检查控制的着重点是烹调厨师的技术,其中包括厨师技术基础和操作规范及每日工作量;制作菜品的熟练程度、出菜的快慢;厨师所出菜品最后的色泽、口味以及装盘后的形态等,检查或阻止一切不合格的产品上桌。

为了更好地保证餐馆出售菜品的质量,使顾客对菜品感到满意。经营者除了制定一些明确的标准,让厨房中各个工作环节相互监督和制约外,还应建立相应的技术部和检查控制机构。

有条件的中小餐馆经营者应增强品牌意识和菜品质量检查意识。充分发挥厨师长或外请技术顾问的作用,加强技术上的指导和培训,不断提高厨师加工、切配、烹调的水平。重点检查督导经常出问题的部门,找出质量问题的关键,以点带面全面控制,逐步提高,相对保持厨师技术和菜品质量的稳定性,尽量杜绝质量问题的反复出现。

抓质量除了厨房内对菜品各环节有严格的标准外,餐馆其他部门也应配备菜品质量检查人员。餐厅中的划菜员、送菜员都可能随时发现菜品的问题,如菜品的数量不足;菜点加工烹制欠火或过火;菜品发现外来物等都应做记录并阻止不合格的菜品上桌。经过检查把有质量问题的菜点处理在顾客食用之前。有问题的菜品重做或报废。事实说明，只有建立菜肴制作质量检查制度，并建立相应的组织机构，才可能最大限度地杜绝厨房工作中出现的质量问题。

4. 服务员和厨师必须配合

服务员和厨师是餐饮行业中较为重要的角色，也是彼此关联的工种，一个在前厅直接为顾客服务，一个在后厨加工制作。虽分工不同但目标是一致的。

厨师工作一般技术性较强，而服务员是一种用语言服务和行动服务的特殊工种。从表面上看各方把自己的工作做好就行了，不会有什么明显的冲突。其实不然，这两种不同性质的工作，每天每时每刻都在相互牵连、相互依存，工作上的矛盾可想而知。如果经营者对所出现的问题处理不当或不及时，不但会影响内部员工之间的团结，而且会直接让消费者感到不满，甚至会影响到企业的声誉和效益。所以这里必须强调，餐馆服务员和厨师密切配合是十分重要的。

(1)矛盾表现

在服务方面应注意的问题。第一，上菜应适时。厨师炒好的菜，如果服务员没能及时上桌，顾客在用餐过程中对菜肴质量会表示不满。当顾客投诉后，厨师、服务员相互推诿容易出现矛盾。

比如：某家餐馆厨师将顾客点的“清炒空心菜”炒好，如马上送到顾客面前，菜肴呈现的是碧绿鲜嫩的颜色。但此菜炒好后放时间稍长一些，菜色由于氧化变得黑而暗，同时也会渗出汤水，好似剩菜一样，一看就没有食欲。这就需要前后沟通，厨师将有些特殊的容易出现问题的菜，随时向服务员交待清楚。同时作为一个合格的服务员也应多多请教厨师，并多掌握一些菜肴的有关知识。如果遇到这种情况，顾客要求退换菜品是完全应该的，其中服务员应负一定的责任。

第二,缺乏统一指挥。"团队餐"是餐馆经营内容的一部分,尤其旅游高峰期,团队餐最少一桌,最多可达到十几桌。所以大型的餐饮活动一定要统一指挥,否则会出乱子,也会使厨师和服务员造成配合上的失误。

比如,北京西城区一家宾馆曾出现两次指挥上的错误:一次是有团队 80 人用餐,待到开餐时间仅有个别顾客步入餐厅,在大部分人还没有到来之时由于服务领班没有经验,见到顾客来就马上通知厨房师傅起菜。厨师立即把准备好的八桌菜肴用最快的速度炒出,由于该团队人没有到齐无法上桌,使得菜凉,主食也不热,结果很难处理。这属于指挥不得力造成的矛盾,前厅应负一定的责任。

另一次是原订的 5 点团队餐,厨房已做好了充分准备。这次是顾客已到餐厅多时,仍不见通知起菜。大家知道团队餐上菜有个原则,那就是上菜要迅速、适时。结果待通知起菜后厨师才按顺序加工菜品,结果供不应求,上一个吃光一个,事情办得很被动,前厅和厨房也容易产生矛盾。

第三,缺乏责任心。有些餐馆服务员由于参加工作时间短,经验不足,又缺乏责任心也会出现与厨房配合欠妥的事情。

比如,有些菜肴成熟后应另带佐料一同上桌,像炸菜就要带椒盐或番茄沙司蘸着吃,有些服务员往往会忘掉。

有些顾客在点菜时已向服务员声明干烧桂鱼不要放糖,服务员由于忙乱一时疏忽,忘记向厨房师傅交待,结果菜已烧熟,使问题难以处理。

厨房工作应注意的问题。第一,缺乏全局观念。在餐饮工作中团队精神特别值得提倡,只有密切协作,具有全局观念,各部门的工作才可配合默契,正常运转。但有时厨房工作缺乏规范的管理,也会出现许多问题。厨房的问题造成顾客有意见向服务员撒气,餐厅顿时空气紧张,服务员与厨师工作上的配合也会出现这样的危机。

比如顾客点菜的菜单进入厨房后，由于厨师配合不好缺乏责任心，结果把应先上的菜拖到后面，而后来的菜先做好了。甚至有时热菜还没做好而汤菜先上桌，造成顾客有看法，对服务员不满。使服务员的工作很尴尬，并对厨师产生不满。

另如，餐馆服务员向厨师长请示说："顾客想吃一碗'清汤面'，这是我们菜单上没有的品种，是否可以做。"结果厨师不配合说"做不了。"本来是轻而易举的小事，厨师没有做使服务员很为难，顾客也不高兴。

第二，粗制滥做。菜肴制作得不细心，加上菜品质量无人把关，菜肴成品出现种种问题，都会给服务员增加工作上的麻烦和思想上的压力。

比如厨房经常出现非菜品原料的"外来物"；蔬菜清洗不干净存有泥沙；炒菜中经常出现头发、纸绳、皮筋等物；菜肴夹生、焦煳现象。

以上所提到的种种问题和现象，都说明了要想减少前厅、后厨之间的矛盾，更好地配合，就必须认真地总结，加强具体工作的严格管理，否则"配合"就是一句空话，最终受损的还是企业。

(2)解决办法

第一，定期召开厨师长、服务长两部门主要负责人的沟通会，多开展批评与自我批评，把矛盾减少到最低限度。

第二，在工作中发现问题，及时解决，并做好过失记录，责任要落实到人头，奖惩分明，争取把事故减少到最低。

第三，餐馆的经营者要重视前厅和厨房的配合，处理企业各个部门的横向合作关系，调动和发挥前厅服务和后厨厨师的积极性。

第四，厨师长及厨师要经常主动与前厅服务人员沟通，在体谅服务员的基础上，多给予她们必要的方便。比如在可能的条件下协助做好花椒盐、甜面酱以及其他小料制作等。

第五，服务长及服务员应定期向厨房工作人员请教，学习烹调知识和原料学。能掌握和了解本店供应菜品的简单加工、制作过程，以及品种的口味特点等专业知识。

第六，加强前后工作人员的团结，树立全局观念，在工作中要相互补台，为了共同的目标，互相支持，密切配合。

5. 厨师的着装应规范化

餐馆各部门的工作人员，由于工作需要和对外的统一规范，都要选择自己的着装方式和式样。由于每个餐馆档次、经营内容和接待内容不一，员工着装的款式、颜色也不尽相同。其中不但代表着企业的商业形象，同时也代表着各自不同的工作岗位、工作内容和职位。

厨师的着装历来以白色上衣、工作帽，其他颜色的裤子和工作鞋。由于厨师以加工、制作食品为主，所以在着装上有特殊的要求，在岗期间着装整齐、洁净。做到以下几点：

(1)厨师的工作地点虽远离顾客，也应注意自己的着装。上班时必须三齐上岗，即工作服、工作帽、工作裤要穿齐，有条件的应配备工作鞋。

(2)要求员工和厨师的工作服应保证每人三套为宜。工作服应按体裁衣，防止过大或过小，给别人以不规范的感觉，同时穿着如果不舒服也会影响工作。

(3)由于职位不同厨师工作服在设计上应尽量有所区别。比如厨师长、副厨师长、主管的工作服上应尽量再增加一个简单的标志，方便工作。要求每一个层次厨师的着装颜色应保持一致。即工作服上衣、帽子应为白色，工作裤可另有区别。

(4)严禁厨师穿着工作服外出。工作服应勤洗涤、勤更换，要经常保持工作服的洁白、平整、干净。

目前有些餐馆由于种种原因，许多厨师在着装问题上还存在不尽人意和不规范的现象，他们着装不洁，外观不雅，习以为常，大失水准。为了企业的形象要迅速改观。为了更加统一化和规范化，厨师着装应注意以下几点：

首先，有些餐饮企业经营者，缺乏对厨师着装必要的要求和硬性的规定，致使有些人不注意工作中着装的自我约束，出现工作服破旧不堪、油迹斑斑、不洁不白、缺扣少补的现象。其原因与缺乏工作服的换洗条件有关。

其次，应严禁热天穿短裤、背心上班，这样不但不卫生文雅，也容易发生烫伤和其他工伤事故。

再次，厨师应自带擦汗毛巾，切忌工作中用工作服袖口、衣襟擦汗。严禁无故穿工作服到餐厅的前厅、雅间等服务场所逗留和穿行。同时也严禁厨房不同岗位的厨师串岗串位。

6. 厨师的个人卫生

餐饮业中的厨师，每天无时无刻都要与食品和用具打交道，他们的个人卫生状况如何，会直接影响着食品菜肴的卫生质量，同时也会影响消费者的健康。

目前很多餐馆的经营者，都不太注意对厨师个人卫生的管理工作，从而出现了许多外地来的新手，对生活不检点，放弃对自已卫生上有所约束，他们头发蓬乱，穿着不洁白的工作服和脏兮兮的小围裙，几个月不刷的带有厚厚油泥的胶鞋。如此不卫生不文明，哪还谈得上什么饮食文化的品味和享受呢。

一般消费者进餐厅就餐，首先注意的应是此店的卫生状况如何。像以上讲的情况，顾客还敢进餐厅用餐吗？这家餐馆的买卖还会红火吗？

(1)领导要重视

搞餐饮工作的人都知道，卫生应是餐厅中的头等大事。所以餐馆经营者应特别重视食品卫生、环境卫生以及厨师的个人卫生。

厨师的工作要直接接触入口食品，讲究个人卫生极为重要。应对食品制作人员的个人卫生有要求，定制度，并且进行相应的检查。要了解和检查本企业厨师的基本健康情况，每年必须进行身体检查一次，并办理健康证件。对一些不适应餐饮工作的疾病如呼吸系统疾病、感冒、咽炎、扁桃体炎、哮喘、支气管及肺部疾病，肠炎、腹泻、呕吐和痢疾，急慢性肝炎，皮肤病、皮炎、皮癣，刀伤、烫伤感染以及其他外伤的感染和发炎症状等，都不可直接接触食物。必要时应停止其参与餐饮工作。

(2)个人有约束

每个厨师都应对顾客负责，努力认真搞好个人卫生。对厨师要进行必要的要求和检查，用奖惩相结合的处理方式来落实，使厨师卫生经常化、具体化，对于他们要严抓狠管。

第一，每天要洗澡、勤理发、不留胡须。经常剪指甲、勤换工作服。工作服应保持洁白、整齐、平整，要三齐上岗(戴齐工作帽、穿齐工作服、系齐围裙)。

第二，在食品加工和烹制过程中，必须保持手的干净清洁。在接触不洁原料后要重新洗手，不随便用手接触食品，不要穿工作服去卫生间和外出，便后要洗手。

第三，工作中杜绝不良的习惯动作，如抓耳挠腮，用手梳理头发，掏鼻孔，随地吐痰等。

第四，经常晾晒被褥，勤洗工作服，勤刷鞋洗袜，搞好宿舍环境卫生和个人卫生。

7. 厨师一般工伤的预防

随着改革开放的迅猛发展，厨房的加工工作要实现机械化，厨房的设备和厨具都要向现代化发展。

为了防止厨师上岗前因不了解其设备的操作要领和规律出现工伤，企业的岗前培训工作十分重要。为了更快地掌握设备的使用方法，合理按章生产，建立完善的制度更是迫在眉睫。

一般员工出现工伤均因疏忽大意、精神不集中或不按操作规程办事所引起。一旦发生工伤，轻则造成员工痛苦并影响工作，重则造成较大的经济损失甚至伤亡事故。为防止出现过多的工伤，现将一般容易发生的工伤隐患公布如下引以为戒：

(1)烫伤

厨房的工作一年四季都处于高温作业中，每天的具体工作都离不开明火、热开水、油锅、烤炉、蒸箱等。也就是说工伤中的火烫、水烫、油烫、气嘘等都会成为工伤的根源所在。

厨师在繁忙的工作中要保护自己，不出烫伤或少出烫伤事故，必须工作熟练有序，聚精会神，照章办事，不违反操作规程。

其一，明火。明火工伤一般出现在点燃煤气灶或天然气灶过程中，由于点火不当造成非常危险的后果。比如一位厨师新手，初次点燃煤气蒸锅灶，由于本人没有经验，又没有专人指导，当他打开煤气开关节门(用的是火柴)后，第一根火柴点燃突然灭了，接着划第二根火柴，可是煤气的开关一直开着，周围已经有了扩散的气体，浓度强烈的气体碰到明火，便形成了一股强大气流，将点火人当时就打出一米多远。厨师脸部和前额当场严重烫伤。

通过此例说明违章操作绝对使不得。所以在操作时应注意：①点燃煤气(或天然气)灶眼或煤气(或天然气)蒸箱，必须先点火然后开气，也就是火等气。②点火源时最好使用点火器，以防烧烫伤手指。

其二，热水。热水烫伤一般是指厨师在烹制菜肴或加工食品时，如酱锅、煮炖、焯水时容易发生溅烫。其避免方法是：①要注意在成批加工食品时，一次放原材料不宜过多，翻动时应加小心。在盛开锅的食品时要检查使用的厨具或器皿，如不锈钢桶、铝桶等的把手是否牢固。如果厨具容量大，加工原料重量大，手把不牢搬运时也易脱落造成烫伤。②焯、炖食品时应精神集中。炖、煮的原料下火后应放置稳当，防止歪倒烫伤人。

其三，热油。热油烫伤一般易发生在厨师灶台操作中，如炸制菜肴、过油原料以及炒菜翻勺都容易出现。为了达到灶上厨师减少或杜绝油烫伤事故出现,应注意:①在炸制菜肴或原料初步加工"走红"时,由于油温需要八成以上热度,一般锅中油量不宜过多。在"走红"中由于猪肉代皮,加工中必须盖好锅盖以防溅油烫伤。②凡是火上坐着油锅,厨师就绝对不能离开灶台,也就是行业内常说的"人不离火"。有些人工作中坐上油锅点着火,又去干其他事情,如聊天等,一旦忘记了此事,发现油锅已冒烟或已起火,急忙端锅离火,就容易烫伤,还很有可能造成火灾。

其四,翻勺。翻炒勺是厨师炒菜中必须的动作。为使原材料受热均匀,调味均匀,色泽均匀,翻勺是炒好一款菜少不了的辅助技法。其中大翻勺为一般餐馆中扒菜不可缺少的技术手法。制作扒制菜肴需炒勺整翻锅中菜肴,难度较大翻不好也容易出现烫伤。其要求:①扒菜大翻勺菜肴在淋芡汁后所打明油不宜过多,否则易在翻勺时溅出烫伤。②大翻勺需要技巧和功夫,要想练好大翻勺必须下功夫勤练,做到得心应手才不会受烫伤之苦。

其五,蒸汽。厨房中蒸制菜品种非常丰富,所以一般餐馆蒸制菜都设立专人负责。目前餐饮业中使用蒸汽设备多为燃气型的蒸箱,如工作中不加以注意嘘伤厨师也时有发生。①蒸汽锅(箱)中切勿装盛菜品过多,以防取拿不便也会嘘烫手指。②在取拿蒸箱里的菜肴时应先关掉燃气节门开关,打开箱门,待稍放气后方可工作,决不可箱门刚打开就伸手取菜,以防嘘烫手和脸。③在取菜品时最好右手戴手套,左手拿托盘,以防用手直接取菜因油腻光滑漏掉而烫伤脚部。

(2)刀伤

用刀出现工伤,一般多为红案的切配菜厨师,新手厨师为多数。刀工是中国烹饪的重要组成部分,一个餐馆有几个好的刀工师傅和切配的厨师,菜肴的加工会格外规范和美观,但现在许多厨师不会用刀,有好使的刀也切不出好的刀法。其原因就是他们没有基本功力,没有好的技术所致,甚至还会在不娴熟的刀工中屡屡出现工伤,其原因多种多样。要想避免刀伤的出现,应做好以下几点:其一，刀要磨快，因刀磨得不快不够锋利，容易出现刀伤和切手指的现象。其二，在加工切配原料中要精神集中，不可边干工作边聊天或想其他事情，一旦精神走神也易出刀伤。其三，工作完毕，刀一定要放置刀箱中或平放菜墩中央，切勿将刀放在菜墩边缘或刃口朝外放，以防过路将刀碰掉出现刀伤。

总之厨房中菜肴的加工除了机械，如合面机、切肉片机等，就是用手工制作，这均是容易出现工伤的区域。经营者和员工只要重视安全工作，加强安全管理和学会科学的操作方法，厨师工伤是可以预防和避免的。

8. 厨师的技术管理

厨师工作是脑力劳动与体力劳动相互交融的一种较为特殊的技术工种。

厨师制作菜肴质量和技术水平的高低，直接影响到企业的经济效益，同时也能反映出厨房管理水平的层次。

在现代餐饮市场激烈竞争的大趋势下，在现代厨房管理的运转中，人是最重要的因素。要创一流的水平必须有一流的厨师队伍，具备一流的技术水平，但要将厨师技术提高到较高的水平，其中厨师长的技术、现代管理意识以及对厨师技术开发的能力都至关重要。

在厨房内由厨师加工烹制的菜品质量高低，主要取决于厨师的技术水平。由于长期以来，厨师工作大都以手工操作为主，这种技术的模糊性和经验性的工作特点，往往对厨师的技术管理有一定的难度。

对于目前中小餐馆的厨师技术管理，首先应要求聘用的厨师有一个健康的体魄，有一定的文化程度(初中以上)，最好通过职业培训或专业技术的学习(二年以上)，并有实际操作经历和工作经历，懂得刀工刀法、原料的性能、使用方法，以及各种烹调方法的运用等。其次,顾客对菜品的要求越来越高,厨房设备不断更新,新的烹调技术不断涌现,这些都要求厨师更新观念,跟上时代的发展。不断加强对厨师各种形式的培训,有针对性的让厨师接受新观念和新的信息,以应对新的形势的挑战。

9. 厨房的卫生工作

厨房是加工、生产菜品的重要场地,厨房的卫生工作直接关系到食品的卫生。厨房卫生的优与劣,对其餐馆的声誉和效益都会有相当的影响,所以万万不可忽视。

(1)环境卫生。

第一,条件、设备合理。要想使厨房的卫生状况良好,首先厨房的设备、设施是前提。要有按标准规范的各加工车间才能使厨房的卫生条件达到较高的水平。比如,厨房的天花板、墙面、地砖应以浅色装修为好,要经常冲洗保持干净,如有破损应及时补修或更换。厨房的天窗、门窗要经常打扫,无油污保持干净,玻璃洁净明亮。由于厨房在加工过程中温度高、湿度大、烟气浓,必须配置排烟机、排气罩、排风扇等,以防油烟、灰尘、水气从天花板和墙壁流入食品,造成污染。

第二,废弃物的清理。在每个加工车间中应加设食品废弃物专用容器,并保证密封以防异味外溢造成污染。废弃物和拉圾要按时定点处理,禁止随便堆放,以防孳生苍蝇、老鼠、蟑螂等,对于盛装废弃物及垃圾的容器,在清理完毕后应认真清洗干净,有条件的要进行消毒,使用中必须加盖,保证厨房空气不受影响。

第三,熟食加工要求。熟食一般直接入口的较多,如冷菜、面点、烤炙食品和蛋糕裱花等,以上这些加工车间必须安装纱门、纱窗,有条件的可适当安装空调。工作时要求厨师必须带上口罩,定期按食品卫生法要求进行工作和更衣等。必须遵照生熟分开的原则进行加工,以上各工作间的工作人员应专人专室,无关人员禁止随便出入，以防食品污染造成食物中毒。

冷菜间每天上班后和下班前，应打开紫外线杀菌灯20～30分钟以净化空气，杀灭污染细菌。冷菜间的工具、容器要有标记，专室专用，不要与其他食品加工混淆使用等。

(2)个人卫生。

厨师个人的卫生是食品卫生中的重要组成部分。厨师的工作每时每刻都要接触到食品、餐具、灶具，并要动手加工制作，如何搞好厨师的个人卫生对餐馆和顾客至关重要。作为厨师本人更应加以重视和注意。

10. 厨房的灶具使用与急救措施

目前无论是高级宾馆、饭店或是中小餐馆，其厨房使用的灶具基本上都是不锈钢质地加工而成。其中有炒灶、蒸灶、大灶、平面灶等，有用于炸、炒、烧、炖等烹调方式的设备。炒灶是直接用于日常煎、炒、烹、炸的重要烹调工具。

以上灶具由于是不锈钢制作，款式新颖，光亮美观，应经常保持其清洁，尤其烧台灶易存留杂质，应经常刷洗，对于灶眼的出气孔应经常清洗或检查，以防油污堵住，造成冒烟或排气不畅影响火力。

多种灶具的用气往往各不相同，其中有柴油、煤气、石油液化气等。目前中小餐馆还无用煤气和天然气管道的条件，多数是用罐装石油液化气。

石油液化气是炼制石油过程中产生的“废气”，其主要成份为丙烷、丁烷，还有少量丙稀、丁稀。石油液化气在常温下加压(606～707KP_2)即可制成民用液化气。由于餐馆选用的是加压的大罐装(90公斤)液化气。危险性较大，应注意使用方法必须得当，避免发生意外。

(1)使用钢瓶液化气应放置在专门储存气瓶的房屋内。严防日晒,防止低于零度气温,以防结冻影响火力。

(2)液化气钢瓶要远离明火、电源或其他热源,以防酿成火灾和爆炸。

(3)液化气钢瓶严禁堆放,不得倒放,不得用火烤、热水烫。在运输或装卸过程中都要轻拿轻放,避免撞击和滚动,以防漏气。

(4)发现液化气钢瓶有漏气、跑气现象,应迅速打开门窗通风,禁止抽烟和明火接近,并通知有关部门迅速处理。

(5)石油液化气的使用应由专人负责管理,专人负责开启与关闭,在使用时应先点火后开气,决不可违反操作规程。

钢瓶石油液化气在使用过程中,难免出现故障或事故,甚至发生火灾。在发生火情时,工作人员应立即关闭阀门开关,用水或灭火器(二氧化碳)使钢瓶冷却,防止爆炸事故的发生。一旦发生石油液化气中毒事故时,应立即将患者置空气流通地带,严重者应立即送往医院进行抢救或者治疗。

11. 菜肴的成本核算

餐饮业无论是宴席成本核算或是零点菜品的成本核算,都是牵涉到餐馆的价格合理的依据。其中包括很多方面,比如自制食品、外购食品、毛料成本及损耗;冻品、活品的原料损耗;干制品经脱水保存的原材料损耗等,都关系到成本的计算、餐厅的毛利以及餐厅的营业收入。所以餐馆的成本核算的准确性十分重要,用较准确的成本核算来确定合理菜品售价,可做到宾客满意,企业不受损失,两全其美。

下面将最简单的净料成本核算及合理计算毛利做出售价的方法介绍如下:

＜例 1＞猪肘子一只毛重 1.5 公斤,单价 8 元/公斤,净重 1 公斤,下脚料(骨头)折合价钱 2 元,其猪肘净料成本为:

计算公式:加工净料成本＝(毛料总值－下脚料价值)÷加工

净料的重量。

猪肘净料成本＝(1.5×8－2.00)÷1＝10元。这只猪肘子净重成本为10元/公斤。

＜例2＞现将承办一桌酒席定为1000元，销售毛利率为65％，这桌酒席成本为：

计算公式：成本＝售价×(1－毛利率)，其宴席成本＝1000元×(1－65％)＝350元。这桌宴席成本为350元。

12. 杜绝菜肴制作技术流失

餐饮商海中竞争十分激烈。新的品牌和创新流行菜层出不穷，使许多餐馆利润增长点不断提高。

与此同时，有些经营不太景气的餐馆，是由于厨师技术力量和水平不够理想，个别经营者对创新品牌实行“拿来”主义的做法，许多菜品出现了模仿和照搬现象，像有些餐馆无论经营何种地方风味菜，都要增营“北京烤鸭”，已经到了粗制滥造的地步，结果使作为“国菜”的品种质量大大下降。甚至不断出现一些克隆菜品，使餐饮市场极为混乱。这是一种间接技术流失的现象。

更多的技术流失现象的出现，是经营者缺乏商业技术保密意识，没有对厨师菜品研制和品牌技术保密的重要性引起重视，还有技术人员尤其是高级技术人员的无序跳槽和不正常的流动，使得新菜肴制作的技术和秘方，以及研制的过程没有得到有效的保护而产生不同程度的流失。

要想使企业产品的加工技术真正得到保护，应着重做好以下几点：

(1)为了保护企业品牌的未来空间，对于菜品的开发和研制要达到较高水平，要尽可能做到标准化、量化，以至工业化，大力提高技术含量。一般人要想简单看一看就学到技术比较困难。

(2)应尽力使自己的品牌获得专利权的保护，给企业更大的自由竞争空间。

(3)在聘用员工特别是高级技术人员时,应在签订劳动合同时,同时签订有关“保护企业商业技术机密”的条文并付给相应报酬,使员工切实履行自己保密的义务,使餐馆经营权得到有效保护。出卖餐馆秘密者要承担一定的法律责任。

(4)餐馆对于技术水平较高、有创新和研制新品牌能力的厨师骨干,应防止无序地跳槽。一个有抱负的经营者要重视人才,尽量尊重他们的利益和意见,以保持人员的相对稳定。

13. 控制菜品质量的基本要求

当今餐饮业的厨房管理是整体管理中的一项重要内容。厨房管理人员如何管好厨房的菜品质量,首先要看的就是管理者的个人综合素质以及管理人员的技术功底和技术水平。也就是说要想控制好菜品的质量,必须实施出色的管理方法,这是中小餐馆经营和管理的头等大事。在餐饮厨房管理中,不断加强实施和不断完善各项规章制度,做好厨房中各个生产环节的控制和检查制度,每位厨师均应遵守本职的岗位职责和工种技能标准。无论哪个工种,为保证菜品质量要求必须做到:

(1)工作中要聚精会神,一丝不苟,动作敏捷,劳动效率高。根据每个菜品的具体质量标准要求,按程序认真操作,不投机取巧,不偷工减料。

(2)熟练掌握厨房内各种工具、设备的使用方法。对其性能特点了如指掌,在用原材料加工烹制菜肴时熟练运用火候,工作起来得心应手,有熟练的技术功底,并在烹调中善于解决疑难问题。

(3)加工烹制菜品时要保质保量,克服技术水平不稳定状况存在。厨房管理要落实,建立菜肴出品的检验制度,保证菜肴的色、香、味、形,防止因质量发生退菜换菜现象。

(4)加强厨师技术定期培训,使厨房菜品质量稳步提高。随着社会经济的不断发展，新的调料和原料不断出现，厨师技术也面临着不断更新和提高，加强厨师的技术培训显得更为重要。

14. 改善生产环境保障厨师健康

厨师在生产过程中，具有技术性和生产连贯性。每个厨师每天在厨房中工作 8 小时以上，其工作条件和生产环境十分重要。许多中小餐馆规模不大，厨房的面积相对窄小，除了容易发生工伤外，对厨师的身心健康也会产生直接的影响。经营者应尽量关心他们，为他们解决好工作环境问题，保障他们的安全和健康。

（1）对于厨房生产中所产生的油烟、热气和煤气造成的一氧化碳气体，应力求做好排风，迅速排净，以防空气污染造成厨师气管炎、肺气肿等呼吸系统疾病。

（2）为防止厨房地面平滑，发生碰撞和滑倒事故，厨房地面应做成龟背状，保持干燥，要随时清除地面的油渍、污物，保持地面清洁和干爽。

（3）应保持厨房面积宽敞，动线分明，行走方便。厨房动线照明要充足，动线障碍物要随时清除。

（4）有条件的餐馆，领导要挂帅组织员工每日参加早锻炼，做早操、跑步等活动，要保证员工有足够的睡眠，做到劳逸结合，保证员工精力充沛和有健康的体魄进行工作。

15. 菜单上的菜品应满足供应

每个餐馆在对外经营过程中，均按本店的菜单内容为消费者服务，无论是经营特色菜或风味菜，也无论供应早餐、午餐和晚餐，菜单上的菜品保证供应是最起码的事情。

人们到餐馆就餐，首先接触的就是照菜单点菜。可是许多餐馆菜单上的菜品种类不少，顾客点菜时却发现菜单上的菜品不是缺这种菜，就是那种菜卖完了，从而不能满足顾客的需求。尽管服务员彬彬有礼的耐心地向客人解释，客人也不会满意。

这种菜单上的菜品不能保证供应的现象，如果是经常性的，那必然造成来此店消费的顾客会越来越少，餐馆经营者对此就应慎重考虑，尽早找出管理上的漏洞和原因，切实做到“凡是菜单上有的菜品，都应随时保证满足供应”。只有这样，才能使顾客在点菜时感到满意，提高可选性。

经分析，菜单上的菜品往往出现供不应求的原因很多：

第一，一般中小餐馆规模不大，没有正规的采购组织，缺乏厨房与采购间的沟通。厨师长在进货品种和数量上考虑不周，缺乏与业务主管的联系，以致造成原材料的临时短缺或漏购现象。

第二，采购人员缺乏业务知识及责任心，经常出现买回的原材料品种不对路，或不够质量标准，甚至出现多采购少进货现象。

第三，有些餐馆老板兼职采购工作，所以有时出现采购品种因价格偏高而不进，造成品种短缺的混乱现象。

餐馆菜单上的品种应保证满足供应，使顾客满意是餐馆经营者的本份。由于某种特殊原因，临时缺少些品种是合情合理的，顾客也会理解。如经常反复出现此类现象，就应考虑尽快去解决，加强部门之间的沟通和检查。

第一，沟通。为了弄清楚本日菜单供应上缺什么品种（确实难以买到）或新添什么品种，后厨（厨师长）和前厅（服务长）应及时沟通，相互告之，做到双方都心中有数。否则会出现新添的菜品服务人员不知道，没有主动去推销和对外介绍；而当日短缺的菜品也不清楚，服务员为顾客点了菜厨房却没有，只有改菜或者退菜，工作非常被动，既浪费了时间，又造成顾客的不满。

第二，检查。为了解决采购供应上的万无一失，作为当天必须的采购清单，应由专职厨师负责填写具体品种、质量要求以及数量等等。厨师长应协助开单人检查并最后签单确认，以防对第二天所需进购的原料漏写，影响加工和供应。如果在第二天开餐之前哪些菜品不能对外供应时，前台事先要了解并做好弥补工作。如实在无法弥补应及时向餐厅主管人员通告，让前厅服务员知晓，及时对前来点菜的顾客以相应的答复和解释，求得顾客的谅解。

五、对服务工作的要求

1. 各类服务员的职责

餐厅服务员在前厅服务长或主管的领导下进行工作。中小餐馆的管理层不像星级饭店那样分工细致,一般比较简单。

服务员由于工作性质不一,分工又不同,他们的工作内容也有区别。为了完成各自份内的工作,各个环节的服务人员应各司其职。现将最基础的、适合中小餐馆实用的对几种服务员的职责要求介绍如下:

(1)迎宾员的职责

中小餐馆的迎宾员,主要负责迎送就餐宾客,引领宾客到席间就座用餐。负责有礼貌地劝阻穿拖鞋、赤背等衣冠不整的宾客进入餐厅。负责掌握宾客的用餐情况,要熟悉举办宴会单位的用餐标准、用餐人数、具体地点和用餐的时间。如有外宾用餐更应了解和掌握就餐人的国籍和风俗习惯,懂得国际礼节和外事纪律。

在餐厅门口一定要精神饱满、微笑迎送客人。要主动向宾客问好,对外宾应尽可能地用外语对话。

(2)零点服务员的职责

餐馆中的零点服务员,主要工作范围在大厅内,以散座顾客为服务对象。负责顾客的点菜、开菜单、上茶水、酒水和各种菜品等工作。无论是几位客人用餐,都应热情接待,主动送上小毛巾、茶水等。待顾客稳定下来后,从顾客右边递上菜单。如有老、弱、病、残应征求他们的意见,看是否需要特殊照顾,如有需要应想办法做到。在顾客选择菜品时要给予充分的考虑时间，耐心等待，并随时向客人介绍本餐厅的菜品和特色菜肴。

在介绍时，口齿要清楚，顾客点菜时服务员应站立客人的右侧，以示尊敬。开好菜单后应向客人重复一遍，以防漏掉或发生差错。在开菜单时一定要书写流利、字迹清楚、金额准确无误，及时送往吧台和后厨以便烹制。

应牢记上菜程序，按先上酒水接着上冷菜、热菜、汤的次序。上菜时应端平走稳，汤汁不洒，轻松自如，仪表自然，合乎礼仪，保证安全，讲究卫生，技术熟练。等顾客全部用完餐才可整理桌面卫生，向顾客告别应说“欢迎您下次再来”等文明用语。

(3)宴会服务员的职责

宴会服务员一般工作范围是宴会厅(雅间)，宴会都是提前预定的整桌(十人一桌)宴席。其内容多为聚会、宴请、洽谈、互拜、接风、送行等。其用餐内容也要根据宾客要求和一定标准而定。有燕翅席、鲍翅席、海参席、全鸭席、素席、满汉席等等。

对宴会服务员的要求要更加严格。应在宴会前明确掌握宴会用餐的全部情况；清楚菜单内容，对起菜顺序，每个菜肴的加工、烹调、口味、特点以及有关典故，了如指掌。

宴会服务员在工作中应做到：

第一，服务员在宴会确定下来后，及时与业务经理和厨师长联系，及时了解宴会的具体内容，设计制作菜单，以便宴会时使用。

第二，根据宴会要求和标准，领取白酒、啤酒、色酒及各种饮料，把酒瓶提前擦干净，如需用黄酒，还要准备梅子和加热的设备。

第三，准备餐具，如骨碟、羹勺、筷子、筷子架、口杯、口汤碗等摆台物件，要求餐具干净、无水珠无油污。

第四，提前摆台，准备好口布花的制作，将台面上的餐具定好位，提前打开空调并调好空调的温度，喷洒空气清新剂，各岗位人员进入角色。

第五，当宾客来到宴会厅时，服务员应马上主动打招呼，并给予问候，表示欢迎。能根据不同宾客、不同场合、不同时机、使用不同类型的文明用语。如果天气寒冷，宾客所穿外衣、戴帽，服务员应主动帮助宾客接挂衣物，妥善保管，以防丢失。

第六，当宾客入座后应先斟茶、送香巾，暂时休息。待正式用餐时，应撤掉茶具，换上酒水，并在冷菜用到2/3时，再上热菜。热菜应按程序或宾客的要求而定。上菜速度一般按10分钟左右间隔，同时征得客人的意见而定为好。

第七，宴会进行中，服务员应站在适当的位置，做到手不扶椅、身不靠物，站立自然，姿态端正，精力集中，随时满足宾客的需求。

第八，宴会完毕，拉椅送客，取衣送帽，协助穿戴，友好话别。对于服务上的不足应表示歉意，随后弥补，在征求意见时语言表达一定要诚恳。

第九，当宾客即将离开餐厅时，服务员应检查宴会厅，尽量不要让客人遗忘随身携带的物品。

(4)跑菜员的职责

跑菜员又称为“走菜员”、“送餐员”或“服务生”等。跑菜员的工作是将已经烹调好的成菜，按桌号送到餐厅交给专职服务员，然后由服务员将菜品送至顾客桌上。

跑菜员的工作十分重要，一个好的跑菜员，不但要有好的体质，要有输送、传递菜品的技术，还要有机敏的头脑。需要较强的责任心，而且有联系厨师和服务员纽带的作用。跑菜员应随时将厨房的信息直接传达给服务员和顾客。同时又会把前厅服务员和顾客的要求和意见带给厨师，起到了前后及时沟通的重要作用。那么，如何做好跑菜工作呢？

第一，应做好每日餐厅开业前的准备工作，清理和备齐营业时所需要的送餐用具，自己随手使用的托盘、小毛巾等工具。保证开业时正常使用，做到不缺不短。

第二，准备好开餐前各种菜品的调味品、佐料等。如：炸菜所需跟上的花椒盐、番茄沙司；烤鸭应跟上甜面酱、葱段、黄瓜条以及涮羊肉的佐料等。

第三，与看台服务员密切配合，掌握每张菜单的上菜程序和上菜时间，走菜时动作要快、拿得准、走得稳、不碎餐具、不洒汤水。

第四，上菜准确无误，万无一失。对顾客所需菜品不漏上、不错上。在端送菜品过程中不晃盘，不破坏厨师出菜后菜肴的自然造型。

第五，当顾客点完菜开完菜单，跑菜员将菜单送往厨房时，应迅速及时，并负责保存好菜单底联，以便核对和审查。

2. 服务员的仪表与姿态

仪表与姿态是服务员上岗时的一种精神面貌。良好的容貌修饰，得体的着装，以及表现在站姿、行走动作上的规范，都会给顾客留下第一的好印象。

(1)仪表仪容

男服务员应着装整齐、洁净，保证外形美观大方。主管与员工应在服装款式或色泽上有所区别，以便识别方便工作。男服务员服装一定要穿着得体，大小、长短适宜，不挽袖或敞怀，有条件或需要时可系领带或领花。工作鞋应以皮鞋和布鞋为主，颜色应为黑色，严禁穿其他颜色的休闲鞋，或拖鞋、凉鞋等。工作期间要穿着袜子，不准光脚。男服务员要经常洗澡、理发，做到发不过耳，不留长发、怪发，不留小胡子和大鬓角。工作中不带戒指和饰物。

女服务员应配制适量的工作服，并勤洗勤换，做到穿着洁净、平整、大方。女服务员的衣裤或衣裙应根据季节或工作变化而定，决不能硬性规定。对于服装的要求是：上衣和裤子或裙子，一定要合体，衣服的大小、肥瘦适宜，裙子不宜太窄，以防工作中不方便。女服务员应穿黑色皮鞋或布鞋，着长筒浅色丝袜。在工作中或公共场所，不要穿深色丝袜或赤脚穿凉鞋或拖鞋等。

女服务员的发式要短净，不留怪发式，经常清洗，经常剪修，头发不宜留的过长，做到发不过肩为宜。在工作时应淡妆上岗，保持自然美，不浓妆艳抹。严禁带耳环、手链和手饰、戒指等。

(2)立姿行走

一般服务员应具备文明的举止，也就是服务员在上岗时无论站立姿势和行走动作，都应按规定去做。服务员站立时，男服务员要两眼正视前方并照顾到周围环境，两脚自然分开，头微向上，收腹挺胸，两手自然下垂并交叉放于背后。女服务员要两眼环视四周，头微向上，收腹挺胸，两手自然交叉于腹前。要求右手轻轻搭在左手背上，两手虎口处相触，手指自然弯曲。双脚应并拢，双腿直立。应注意的是服务员不宜双手叉腰或双手抱于胸前。不宜歪身扭腿，要保持正直。不宜背靠他物，手扶椅背，更不允许服务员之间搭背聊天。

服务员的行走应讲究姿态，走动时应轻而稳，抬头平视。在工作中行走时遇到顾客、同事或领导，要随时表示问候，不可左顾右盼，摇头晃膀，以及低头看地或仰面望天。男服务员行走时，脚的部位应在一条线两侧。女服务员脚的部位应在一条直线上。迎面遇到顾客应主动让路，并从右边通过，以示礼貌。如果顾客在身后也要为顾客让路，应停步向左转往后稍退，右手示意让顾客先走。决不可与顾客同行或抢道，也不要从顾客之间穿行。

3. 服务员的用语与言谈

在餐饮服务工作中，语言是服务员与顾客直接交流的一种重要方式。服务员与顾客恰当的、合理的语言交流，能满足顾客希望受到尊敬的心理需求，会产生一种特殊的满足感。一个服务人员是否能在服务用语上使顾客高兴而来，满意而去，也是考查其综合素质高低的标准之一。要想掌握好用语，并使正确用语贯穿到实际工作中，做到恰如其分，首先应考虑做好以下几点。

(1)口齿要清楚、求实诚恳

服务员每天要接待成百上千的顾客，在用语上首先要让顾客能听明白你在说什么，这是最起码的，关键在于口齿要清楚。比如把"栗子扒白菜"说成"栗子扒(巴)白菜"。把"少子海参"念成"少(勺)子海参"等等现象。这都是绝对错误的，容易让顾客产生原料或烹调方法方面的误解。所以在与顾客语言交流中，一定要吐字清晰，不可含糊其辞。另外在给顾客介绍菜品中一定要热情诚恳，交谈中的用语应实事求是，决不可虚张声势，故弄玄虚。比如，顾客点了一道"醋椒桂鱼"，向服务员询问"醋椒桂鱼"是一道什么菜，它的做法和口味如何？服务员本不十分清楚，应及时向厨师长请教后再向顾客回答。有的服务员平日专业技术知识缺乏，又碍于面子，不懂装懂地向顾客回答："这道醋椒桂鱼菜！是将做好的鱼把醋往上一浇，口味香酸为主"。这种做法必须杜绝。

(2)用普通话交谈

最近有则报道："普通话不过关，饭碗保不住"。说的是到2004年，上海在岗的10多万公务员，全部会用标准的普通话与人交谈。(今明两年)在此之前公务员如过不了"普通话"关，将面临下岗。

以上报道说明，推广普通话已刻不容缓。对于餐馆的服务员来说，学说普通话，用普通话与顾客交谈，既有利于服务工作顺利进行，又会显得更亲切。到目前为止，餐馆服务员外地人员占98%。对于地区来源不同、文化程度较低的外地打工人员，他们说话中多少都带有口音，如果不用普通话与顾客交谈，顾客会听不懂，而且还会造成笑话，给工作和服务都带来不便和麻烦。餐馆服务员岗前必须加强培训，只有学会说普通话才可上岗，成为合格的服务员。

(3)用语要礼貌适度

服务用语又称服务敬语，由于时间的推移，时代的前进，其内容也在不断地变化。当今服务用语更加高雅实用，听后会使顾客倍感亲切。但用语如果不恰当也会使顾客不满，影响企业的形象。

比如在顾客点酒水和饮料时，服务员应及时说："请问您需用什么酒水和饮料"。在顾客较长时间里拿不定主意时，服务员应礼貌地接着介绍:“我们店内有白酒×××、啤酒×××、饮料×××请您随意。”等等。而不应该说:“您喝点酒和饮料吗?”

另外当顾客说到需要两瓶啤酒不要饮料时,服务员应说:“那好!请您稍等,马上就来。”而不应该说:“您再要点饮料吧?”、“我店新到的××饮料”等等。这种推销用语,方式生硬不妥,所以用语一定要讲分寸、讲技巧、讲礼貌。

(4)用语要及时适时

餐馆工作中各个部门之间要沟通,在沟通时除用语要肯定、准确外,还应注意用语的及时、适量,以防误事。比如,由于市场问题厨房进货不够全,致使菜单中有几样菜沽清(缺货)。对此,厨师长应提前通知前厅主管,主管立即通知每位服务员。在顾客点菜时,服务员及时告知顾客,以免发生服务员不知情,待顾客点完菜,开出菜单才发现此菜沽清,给工作造成麻烦和误会。

在顾客用餐过程中有特殊要求,服务员在得知后应及时通知厨房,不可延误,做到及时、适时。比如,顾客突然向服务员说:“刚才我要的那盘家常豆腐,请多给放些辣椒”。服务员听后答应了顾客,但忘记了把顾客的要求向厨师告知。待菜已炒好再向厨师要求回锅加工,厨师肯定有意见;如果不照顾客提出的去办,顾客也不会满意。这本来是一件小事,只是沟通不够及时,给工作造成困难和尴尬。

(5)用语的艺术和技巧

用语也存在艺术和技巧,服务员与顾客直接用语言交谈,首先要注意时间场合及人物的不同对话的方法和技巧,都有很大差异。其一,应学会听顾客讲话,在顾客讲话时,服务员应目光注视,以表示对顾客的尊重。做到中间不插话,不打断顾客谈话,在听的过程中不断点头,必要时应用笔记录。服务员说话要简单扼要,耐心而亲切,切勿夸夸其谈目中无人而冷落顾客。其二,礼貌用语十分必要,通常用语有:“您好”、“请”、“谢谢”、“请原谅”、“对不起”、“不客气”、“请您稍坐”、“希望您再来”等等。要注意绝对禁用“喂”、“哪位结帐”、“您靠边点”等生硬的用语。其三，服务员在为顾客服务过程中，给顾客添了麻烦或有所过失，用语也很重要。如：由于疏忽服务员把酒水或茶水、汤汁洒在顾客身上，应马上主动说：“对不起”、“请您原谅”、“实在抱歉”等用语，并用干净毛巾为其擦拭，以求得顾客谅解。如果只是表示羞涩不肯张口谈话，或是单纯只用行动无任何语言表示，也是一种缺乏用语艺术和技巧的做法。其四，对顾客进店后的称呼要讲究礼貌、艺术和技巧，也不可过于俗气。可称先生、女士、小姐更为亲切，以示尊重。

4. 服务员也应掌握特种语言

我国改革开放进程的迅速推进和2008年将在我国举办奥运会，世界各个国家和地区的外宾、国内各省市及少数民族的宾客，都会来到首都北京成为餐饮行业的朋友和顾客。服务人员除了学好普通话之外，还应尽力学好外语，起码掌握一两种语言，能与外宾进行对话交流。这也将成为对服务人员考核及聘用的最基本条件之一。

此外，由于国内宾客到首都观光旅游者日益增多，餐馆的服务对象也会有变化。顾客来自不同的区域和偏远地区，语言上的交流会出现一定的困难。为了在服务工作中少出差错，更好地全方位地为远道而来的顾客服务，要求服务员能够学习一些简单的方言、土语和地方话，最起码先能够听懂。如云南昆明地区方言将“椅子”的“椅”念成“羽”的音；把“烩”读成“费”的音。而山东地区方言一般“油”与“肉”音调不分。上海话把“你”说成“侬”，把“吃饭”说成“掐饭”。

对于以上这些较为常见的方言土语，服务员可能经常会遇到，平时多学些，即能明白其意，以防搞错。

另外，服务员为了工作的需要，也应掌握些聋哑人的手语，以便更好地为聋哑人服务。总之，对一个合格服务员的语言技能要求更高了。善于用有声语言或无声语言,用微笑或眼神及适当的手势,才能做好餐饮服务工作。

5. 对顾客的点菜服务

顾客到餐馆用餐必然要看菜单来点菜。为了使顾客在较短的时间内选择好自己所喜欢的菜品、点心等,服务员应尽量熟知本餐馆供应菜品的特色口味和其他相关事宜,为顾客点菜当好参谋。使顾客每次用餐都可点到自己满意的菜品。

(1)点菜的方法

一般说来顾客点菜有两种情况:一种是当顾客看过菜单,经过商讨后将菜单放下,即表示要开票订菜。第二种是顾客看完菜单选过菜品后不急于订菜开票,那必是人员没到齐,还在等人。对于这两种情况,作为有经验的服务员应深知这种情况的变化和处理的办法。

当顾客看过菜单要点菜时,值台服务员应立即主动走上前去,避免顾客招呼后再过去。对于不马上点菜(在等客人)的顾客不要过于催促,应耐心等待,也可尽量做一些服务的事情。如勤加一些茶水并征求顾客一些意见,可用敬语询问:“我能帮您做点什么”等。点菜时服务员应手拿笔和小票本,如实记录顾客所需的菜点种类、酒水等。然后将小票迅速送至厨房,以便厨房进行切配和烹制。同时要求服务员一定要在顾客点完菜品后,再给顾客重读一下小票的内容核对菜品是否齐全,防止出现差错和漏写现象。

(2)协助点菜

在向顾客推荐菜品的过程中,要尽量使用建议性的口吻,决不可带出强制性语言和口气,使顾客一时难以接受造成不满。有些顾客不经常到餐馆用餐,对其菜品的具体情况不熟悉,那就需要我们的服务员协助点菜。有些顾客拿起菜单,一时不知点什么菜好,服务员应及时领会,立即协助顾客点菜。否则,不会点菜的顾客得不到服务员的协助，可能会导致顾客用餐失败，用完餐后会对餐馆产生不满的情绪。

服务员要向顾客介绍菜品协助点菜，就必须对本餐馆所经营销售的菜品有所了解。菜品中哪些是风味菜，哪些是特色菜，哪些是创新菜以及菜的加工烹制要领。要了解每一道菜的色、香、味、形的特点和菜品的售价。甚至更具体了解每道菜的做法和加工成熟时间等。当顾客询问到以上问题时，服务员能做到出口准确无误。

(3)在点菜过程中常常会出现许多个别现象，以及顾客在用餐中的特殊要求。这就需要服务员热情耐心地处理。比如有的顾客看过菜单后，不急于马上点菜正在等人。对此情况除做一般的服务外，还可让顾客先点部分酒水或小菜，边饮边等客人。另外有的顾客点完菜后突然接到电话有急事待办，要将用餐时间提前。服务员应及时与厨师商量，尽快满足有特殊情况的顾客的要求。在顾客点菜中，还会有许多菜品的具体要求，如有些病人需要少盐、少油腻；有些顾客不吃葱、姜、蒜；有些顾客要求菜中多放些辣椒或多放些醋等，服务员在顾客点菜订单后，应及时记录在单上以防遗忘，使顾客要求达到满足。

服务员在为顾客点菜服务过程中，工作是非常细致的，也容易出现差错，尤其应注意以下几点。

第一，当顾客进店点菜时，如果是年青人点的酒量过多(尤其是白酒)，应尽量劝说，先少点些，喝完再点以防醉酒。

第二，服务员为顾客点菜的小票记录，应字体工整，书写清楚，以免造成厨师配菜和收款结算时的麻烦和差错。

第三，服务员为顾客点菜开单应注明桌号、人数、就座时间，以便查找和掌握时间，必要时进行催菜。点菜后又加菜或其他服务，应及时填单送至收款处以防漏忘。

第四，协助顾客点菜时，对价格偏高的较高档菜品，随时向顾客讲明并重复，以防餐后结帐时遇到麻烦。

第五，协助顾客点菜，菜的品种和菜量应视就餐人员多少而定，服务员应帮助掌握，避免出现点菜过多、过滥的情况，否则会出现顾客有意见，又造成浪费的现象。

6. 服务员要掌握菜品一般知识

服务员在实际工作中，除了需要掌握好服务技能外，还应多学习与自己业务有关的知识。如：烹调知识、原料知识以及菜品的制作过程和菜品的色、香、味、形的具体要求和菜品的风味特点等，不断丰富自己的知识面。通过服务员的工作，使顾客不但能得到美食的满足，更能尝试到饮食文化的享受。

首先要了解菜品的内容。

(1)菜品的原料知识

菜品的原料知识，一般包括菜的名称，主配料的质地，原料的产地、别名以及原料的口味等等。这些除业务员和厨师了解以外，服务员也应了解知晓。否则服务员服务很难到位，顾客询问问题时或者不知道，或者所问非所答，或者所答问题不能使顾客满意，甚至还会出现尴尬和笑话。

比如，一家餐馆经营一道很普通的菜"清蒸鲩鱼"。由于顾客不太懂，就向服务员询问："本店是否有'清蒸草包鱼'"？服务员知识面不宽，随口答"只有鲩鱼没有'草包鱼'"。结果影响了顾客食用，同时也影响了业务。其实鲩鱼又叫作草鱼、草包鱼，三个名字是同一种鱼。

(2)菜品的制作知识

菜品的制作也就是一般讲的烹调方法，由于多样的烹调方法，才造成了中国菜的千姿百态，百菜百味。服务员应尽量掌握和了解每个菜品的加工方法，以便更好地为顾客选菜当好参谋。比如顾客特别喜欢吃酸辣口味的汤菜，本餐馆又缺货没有这个菜。服务员应根据烹调方法和口味，迅速向顾客介绍带有同样酸辣口味和制法上相同的"烩乌鱼蛋"或"醋椒鱼片"等。如果不掌握其知识和技能，就很难做到这一步。

(3)菜品的典故

服务员除了通晓本餐厅菜品的规格质量外，尽量根据需要能较为熟练地向顾客(尤其是宴会上的宾客)介绍传统名菜的典故传说、历史故事，以便增加菜品的文化品位，增加宾客用餐中美的感受。

(4)菜品的价格

了解菜品的名称和记住每个菜品的销售价格，是餐馆开业后服务员首先要做到的。只有不断掌握菜品的价格，在开小票和结帐时才能准确无误，工作顺利。能协助顾客点同样价格、同样标准和口味相同的菜肴，尤其是在顾客不知点什么菜但又注意菜品的价格时，是十分有帮助的。

一个合格的服务员不但要有高水准的服务水平，也要多了解一些菜品的有关内容，成为半个厨师。要想做到这一点应注意：

第一，要经常不断地反复自学有关烹调的书籍。从中了解有关烹调的方方面面的基本知识，扩大视野，积累经验，不断丰富自己。

第二，经常不断地与同事交流业务知识，虚心向厨师长、厨师请教有关菜品的具体专业知识，不断充实自己提高业务能力。

第三，企业应专门设立机构经常以培训或考核办法让服务员提高业务素质，学会较强的应变能力，善于领会顾客心理，用实际行动满足顾客需要。

7. 应控制好上菜的节奏

顾客到餐馆用餐，对于如何上菜，其中有许多的讲究。有关上菜的节奏，牵涉到上菜的前后顺序、上菜的时间，这是顾客在用餐过程中比较关心的问题。

一般来说，在顾客点菜完毕后，通常以饮用茶水做为等候菜肴的时间。作为服务员在顾客点菜时，除了记全顾客所点的冷菜、热菜、酒水、汤菜和主食外，还应在点菜单上记录上菜时间，以便掌握上菜的间隔时间，考查送菜时间是否合理。按一般正常的上菜规律，当顾客点菜后20分钟以内应上齐各种酒水和冷菜；在顾客先用酒水和冷菜后，逐步上热菜和烤鸭；25分钟至30分钟内热菜上齐较为合适。但有时有的顾客有特殊情况，比如上菜不宜过快，在等一位客人。所以在上菜之前征求顾客的意见后方可再进行加工烹制。在上菜的过程中，服务员应不断观察和巡视上菜的节奏，对于有些菜品上菜过慢，服务人员应立即到厨房接洽，防止漏配或压至后边。如有特殊情况应及时进行调整，以防菜品之间间隔时间过长，使得用餐顾客产生不满。如有些费时费工的菜上的慢些，应对客人解释“对不起，让您久等了。”

上汤和主食可根据客人的具体用餐情况灵活掌握。但一定保证时机恰到好处，保证主食和汤要热着送上为好。这里要求传菜员必须在上菜的过程中，与服务员和厨师保持联系，密切配合，工作有条不紊，才能更好掌握好上菜的节奏。

8. 上菜要及时有序

餐饮业除了要向客人提供优质的礼貌服务外，还应不断加强服务技能和技巧。具体工作做好了，客人定会感到满意。

比如，无论宴会或零点，客人所需的上菜时间和上菜的程序，都应根据具体要求、具体情况，严格地按规定去做，才会使客人用餐心情愉悦。否则，违反了规律，会造成工作上的无序和混乱，也会造成客人用餐的紧张、等待、急躁和不快。

(1)上菜时间

中餐在为顾客用餐服务和上菜时间上是有严格规定的。比如，宴会用餐，除了客人有特殊要求外，一般上菜的间隔时间不会速度过快。但是一般中小餐馆零点用餐的顾客，上菜时间则要求快。也就是除有特殊情况，比如客人还没到齐，或者客人之间有重要事宜需要商谈，需上菜时间稍慢些之外，其他一般零点顾客，都愿意上菜时间适中，或一个菜接一个菜地上桌，突出一个快字。由于种种因素，到中小餐馆用餐总感觉上菜时间过长，速度过慢。通常有两种情况出现：

①有些餐馆无论从菜品的品种、口味以及质量，都能使顾客接受。平日生意特别红火，尤其一到饭口时，餐厅座无虚席，服务员忙得不可开交。但是有些顾客等了好长时间，菜还是上不来，好不容易上个菜，间隔时间又过长，第二道菜只好无序等待。从而给顾客带来不必要的烦恼，如果是请朋友和客人吃饭更感到尴尬。

②上菜不快的原因是本来有些餐馆平日业务并不太忙，顾客也反映上菜太慢。顾客怎能满意呢？

从以上两种上菜不快的原因看，首先考虑是否缺少服务员。如果用餐顾客过分集中，服务员超负荷工作，仍不能满足需求，经营者应适当增加服务人员。其次要调查采购人员在进货过程中，是否有漏购和原料供不应求的问题，从而造成加工制作困难。再次，厨师长是否根据业务量，合理安排好劳力，是否做好原料提前加工，做好供应前期准备工作，对加工的菜品的烹调方法是否合理，选用供应的品种是否对路。

如果是与企业管理者的工作有关。应及时解决并考虑一下是否员工缺乏责任心和工作热情，是否前厅后厨之间处于某种矛盾之中。

及时改变上菜时间不合理现象，有序上菜不但能使顾客提高满意度，也能增加人流运转，提高顾客集中用餐速度，加快翻台率。

(2)上菜程序

餐馆中的上菜都应有一定的程序。菜肴上桌以先冷后热，先优质后一般，先咸后甜，先菜后汤，先菜后点，先荤后素，先肥厚后清淡等为一般的规律和原则。

目前很多餐馆经营家常菜的较多，一些过去程式化的规矩，也在不断改变，但就中餐而言，进食原则还是有规律可循。由于许多服务员缺乏服务知识，上菜时随心所欲，结果造成许多混乱现象。比如：①酒水、冷菜还没上桌，而热菜却已炒好上桌了。②酒水、冷菜上齐了，热菜还没上桌，汤已上桌了。③酒水、冷菜、热菜都已吃光，等了多时仍不见汤上桌等等。

餐馆向顾客提供菜品上菜应讲究程序，要有合理的先后顺序，使顾客在用餐中得到舒适满意的享受。

9. 服务员布菜的讲究

布菜一般多用于宴席或雅间包桌的顾客。布菜，其一是会使顾客感受到服务员对自己的一种尊重；其二是服务员将整件或整只的菜品，进行分割便于顾客食用。比较高级的宴席，服务员可根据需要，对顾客进行分餐式的方法去布菜，显得更高雅卫生和方便。

服务员在为顾客布菜时应注意以下讲究：

(1)菜品上桌布菜之前，服务员应先将菜品向宾客展示，然后再撤下分菜。布菜应从主客开始，顺时针送至每位宾客。

(2)在上整只的鸡、鸭、鱼时，上桌展示应做到“鸡不献头”、“鸭不献掌”、“鱼不上脊”。即鸡头、鸭掌、鱼背不直对向客人，以防忌讳。

(3)在向客人布菜时，有些菜品要提前做好特殊准备并且跟上佐料。如拔丝菜要为客人提前准备好凉开水碗；清蒸螃蟹跟上姜醋汁；烤鸭要备足甜面酱、黄瓜条、葱段。做好成龙配套的准备工作，以防忙乱和遗忘。

(4)如一般宴席不需直接布菜时，应准备好公勺、公叉、公筷，以方便客人自行布菜时使用。

(5)当顾客用餐完毕上果盘食用水果时，应尽量将餐具撤下，以小毛巾供客人使用，果盘应放置餐桌中央并配有牙签，以便食用方便。

10. 服务员的结算、送别与撤台

在顾客用餐即将完毕时，会牵涉到结算收款、送别客人和撤台整理的工序。这临近收尾的工作更为重要，服务人员应善始善终，认真细致。

(1)结算

①当顾客要求结帐时，服务人员应主动向顾客询问是否用好餐了，询问顾客还需要什么食品或饮料、香烟。并再次为顾客斟倒一次茶水和上一次小毛巾(如零点顾客可上餐巾纸)。

②当顾客要求结帐时，服务员应马上到收款台，将电脑打出的菜单取出，随之将发票交给顾客。顾客交款送至交款台，但在结帐之前服务员要避免过于主动，以免顾客不满意。

③服务员向顾客交待结帐时应项目清楚，结算准确无误，收款找零钱当面点清，唱收唱付。

(2)送别

①当顾客结完帐准备起身离店时，服务员应主动上前协助拉椅，并主动协助顾客检点衣物，提醒顾客不要遗忘物品。当顾客要出门时，服务员要拉门让路相送，热情道别，并说“再见”、“欢迎您下次再来”等文明用语。

②当顾客已结束用餐后并不急于走，客人之间好象还有些话没有说完。此时，服务员不要催促顾客，也不要立即就收拾餐具，这样会显得不够礼貌。

③有些顾客由于订菜过多，一时没用完，服务员应征得客人同意后，为顾客打包。

(3)撤台

①当顾客用餐完毕离店后，服务员应按顺序和要领拣碗撤盘，做到有条不紊，稳重细心，不损坏酒杯、餐具等。

②在撤台过程中服务员应仔细查看有无顾客遗忘的物品。如

发现应交给顾客,如顾客已离去,应交值班经理妥善保管。

③在撤台时应先收小毛巾、口布,然后收酒具、饮具,最后收餐具、烟灰缸、牙签和台布等。所有器皿、物件都要逐一清洗消毒,另类保管。

11. 服务员工作中应注意安全

优秀的服务会给宾客多一份热情周到和愉悦。而拙劣的服务会时常出现问题,以至出现不安全的隐患,严重的会造成不堪设想的后果。所以除了要求企业经营者不断对服务人员进行适当的培训外,服务人员应按照工作标准和岗位职责要求去做,并切实提高责任心。服务员为了工作中的安全,应在岗上注意做好以下几点:

(1)在餐桌之间或通道上行走时,一要慢,二要看,三要从对方或其他员工的右边行走。工作中无论多么繁忙、紧张,都不要横冲直撞,以免造成工伤,出现差错,或造成服务员之间、服务员与顾客之间因行走而发生种种矛盾。

(2)因工作需要无论去厨房或雅间,都应注意开门时不要用力过猛,以免碰伤客人。应小心谨慎,动作稍慢。敲门时应注意节奏和轻重。开门关门时手劲要稳,避免声响过大影响客人用餐。

(3)用托盘上菜时,如材质为金属托盘应垫上小毛巾,以防打滑。用托盘送餐,一次不要放食品过多、过满、过高,对有把柄的其他器皿,应放托盘边缘以内。在托着食品行走时,要随时注意来往的客人和其他工作人员。必要时应以手做些拦截动作,以防准备起身的顾客碰撞托盘。

(4)走路要轻快,不要小跑,特别是在用餐高峰时间里,用餐顾客特别多的时候,走路更要平稳,注意周围的环境变化和人员的起动变化。尤其是上下楼梯和走廊以及楼道的拐弯交叉处,更应留意小心,时刻有心理准备,以防发生碰撞。

(5)在上酒水、冷热菜或上汤时,要稳重并精神集中,防止将酒水、菜汤等洒在顾客身上或衣服上。菜盘的摆放要到位合理,防止盘子倾斜造成菜品之间串味,或流到顾客身上。

(6)当餐厅地面溅洒菜汁、汤水或存有油渍、脏物时,应立即擦干净,以防滑倒。尤其是端着沙锅菜、火锅菜、铁板菜时,应更加格外小心,以防烫伤。

(7)服务员在防火事故中必须加强责任心,在顾客用餐完毕后应将烟灰缸检查后再倒掉。在使用电风扇、空调或其他电器时,应检查插座或开关是否漏电,以防触电或造成火灾。在整个工作完毕和下班前,应检查所有电器开关是否断电,在确保无误的情况下才可离去。

12. 对排队顾客的接待

一个餐馆的红火或者说"有人气",其原因不外乎是:餐馆的知名度很高,菜质特色和就餐环境都使顾客满意和愉悦。另一个可能是菜价合理而偏低,菜量大而实惠。

顾客用餐,一到餐馆就马上想得到优质的服务。如果赶上餐馆买卖兴隆,又是中午或晚上用餐高峰,就只有排队等待接受服务。

如果经营者根据自己店面的规格与其经营的内容和方式,予感到今后生意会红火,应对排队顾客的用餐等候环境有所思想准备。对已经经历了排队顾客等待服务的餐馆,应立即作出反应,做好排队用餐顾客的接待工作。

(1)应尽量为排队顾客创造一个排队等候的环境,安排专职服务人员负责接待和处理排队顾客的工作。

(2)应按顾客先来后到的顺序实行排队的办法。其一要求合理,其二要求高度透明,减少顾客产生意见。

(3)设顾客等候区,应尽量与用餐大厅相隔。有条件的应设座位,开设临时小卖部或备些杂志报纸等读物,顾客可以休闲排队,减少用餐急躁情绪。

(4)在等候排队期间，服务人员可让即将找到座位的顾客提前点菜。这样既缩短了餐桌上的等候时间，又可使厨师烹调加工速度加快。

(5)在排队顾客中，服务员应给予老人、学生和儿童分别做出相应的服务。比如对老人先送上一杯热茶，为学生先代买各种饮料，给儿童准备些适当的玩具等等。

总之，在餐馆存在顾客排队等候服务的同时，各个部门的工作都会同样紧张。经营者应开动脑筋，想出办法。除了服务工作之外，其他工种也要相应研究和做好减少顾客排队等候的工作。全力以赴对排队顾客做好接待工作，尽量减少他们的等候时间和因等候时间过长而流失到其他餐馆的可能。

13. 桌卡的使用

无论饭店、宾馆、中小餐馆在每个餐桌上都会设立一个桌卡。为了迎合顾客对菜品更新的需求和对本店特色菜的宣传。桌卡宣传实际又可直观顾客眼帘，协助顾客点菜。

桌卡在许多中小餐馆中已作为水单的一种形式出现。由于它小巧精致，除写清餐馆要特意宣传的菜品名称外，还可注明有关的典故、名厨的简介、打折菜的品种，使顾客一目了然。桌卡已成为餐馆自我对外宣传的一种方式，又可以协助指导顾客点菜。

应注意的是，桌卡作为一种新事物的出现，必须制作得精美细致，印刷得美观大方，字体工整，切忌书写潦草或出现错别字。另外应常换常新，注意干净卫生。

14. 做好宾客定餐工作

餐馆除了向宾客提供正常零点业务，同时也为宾客宴请、婚庆、祝寿、团聚等提供宴席接待。由于宾客的用餐内容不一，在定制宴席中会出现许多情况，要做好宾客的定餐工作还应有一定的程序和要求：

(1)如是宾客利用电话与业务员或服务员订餐时，服务员应首先礼貌的向客人问好，接着应详细、主动地向客人询问姓名、单位、定餐标准以及用餐人数、用餐的时间和对方联系的电话号码，并把客人对用餐的具体要求做好记录。如果客人是本店住宿客人，服务员应与服务台取得联系以便入帐。如是店外来客，应请前来预交部分款，以便更准确地落实。在安排好后应及时通知对方。

(2)一般中小餐馆的宴席定餐，有两种情况，其一是来客即定，没有充分的准备空间，有的单点菜，有的按宴席单包桌。这就需要服务员灵活掌握，厨房做好充分准备，以保证客人的正常用餐。其二是客人到店提前预定有关的宴席，并要求一定的标准。服务员应拿出宴席菜单供客人选择。当客人选定菜单后，服务员应在宴席登记单上记录订餐人姓名、单位、定餐标准、内容、人数、特殊要求、用餐时间以及用餐标准和联系电话等，并收取宴席标准的20％预交款。必要时服务员可带客人参观场地环境，使客人满意为止。在与客人交谈中要注意形象、谈吐，要注意态度和蔼，主动热情，要用服务敬语，给宾客留下好的印象。

(3)如果已按客人预定标准开好了菜单，客人来电告之家人对某些菜品不够满意，需要更改，服务员应耐心细致的询问原因，进一步了解客人对菜品的主要要求。服务员应根据客人提出原料的品种或口味建议，与厨师长研究重开新菜单(根据预订标准)，再向客人征求意见，直到客人满意为止。

(4)有些客人由于公事或其他原因，不能按期用餐，只好把已定好的宴席退掉。这时服务员应理解客人，并且热情地了解其中情况，按餐馆有关规定给予办理退席手续，按要求收取定单所应交纳的预交款，以保证店客双方的利益，并欢迎客人有机会一定来店惠顾。

15. 为顾客递送小毛巾的技巧

餐馆服务员餐前、餐毕，将消毒过的小毛巾递给顾客，也是一项重要的服务内容之一。递上小毛巾给顾客使用，实际上“递”与“上”也有区别。

所谓“递”小毛巾，是由服务员用手将小毛巾递到每位用餐顾客的手中以示使用。

“上”小毛巾则是将小毛巾经过消毒后，折叠成方形或者长方形，根据用餐人数的多少，把小毛巾放在托盘内或竹制毛巾托上，由顾客自取的方式选用。

顾客进餐厅就餐，一般习惯上一年四季都应用热的小毛巾为宜，冬天用热毛巾会备感热乎乎的，心情顿生愉快感。

夏季天气炎热，用了热毛巾反而感觉凉爽、心旷神怡。

春秋用热毛巾更为适中。当然使用什么温度的小毛巾还应视顾客的要求和习惯，也应灵活掌握或提前向顾客征求意见后再实施，以达到每位顾客的不同要求。

除了以上必须达到的使用小毛巾的要求外，还应有些在使用小毛巾上的讲究：

(1)一般选用小毛巾的形状以正方形为多，颜色以单一色为主。如纯白色、浅粉色、淡蓝色、豆绿色等，当然为了洁净一般选用白色的小毛巾最为普遍。

(2)小毛巾的质地应以全棉最优而且好用。在使用中最好免用代花色图案或者过于旧的，易使顾客不习惯或感到不洁净。无论是对顾客递毛巾或是上毛巾，也无论是用冷上或热上，在使用前都应先洗涤干净后再高温消毒，必要时应适当喷洒些香水，但气味一定要淡香，切勿浓重。小毛巾使用次数过多或者使用时间过长，应淘汰更换。

(3)在递上毛巾时，应尊重每个顾客的需求，并主动征求顾客的意见，不要千篇一律，不闻不问，统一塞递。

(4)高温消毒的小毛巾，不要马上给顾客递上，以防烫伤。要稍凉并叠整齐，以40℃为符合标准要求。服务员在向顾客递小毛巾时应用卫生夹，切勿抖开递上，以示尊敬和卫生。

(5)递上小毛巾的程序应先宾后主，先女宾而后男宾。

(6)一般为顾客递毛巾以两次为宜。也就是顾客进入餐厅入座后，马上提供第一次小毛巾服务。顾客在用餐完毕后，再提供第二次小毛巾服务。当然比较重要的宴席另当别论。可在用餐中间再加上一次小毛巾的服务。

(7)小毛巾用毕，回收时应左手持托盘，右手用毛巾夹。在提醒顾客的同时，从顾客的座位右侧，用毛巾夹将毛巾放入托盘内，切忌用手抓收。

16. 为顾客上酒的技巧

酒，可以使顾客在用餐过程中得到一种特殊的享受，同时也可烘托用餐人的用餐情趣和就餐气氛。服务员为顾客上酒，也是每天工作中重要的内容之一。只有掌握其要领和技巧，只有了解各种酒类的质地和使用方法，才能更好地为顾客做好上酒的服务。

(1)酒的质量和起瓶方法

①白酒

我国的白酒品种举不胜举。要求服务员为顾客上酒前，应了解顾客所选用的酒，无论从品牌、酒的香型以及酒的度数是否吻合。应感观检查白酒瓶是否有裂痕和渗漏现象；是否够量；酒中是否有外来物或不正常的沉淀物。白酒的酒瓶起盖，要检查瓶盖的质地，一般多为金属或塑料的。开启白酒瓶盖时，应将酒瓶放餐桌上，用左手把住酒瓶上部，用右手轻稳地拧动或提拔。防止启盖时酒瓶倾斜，以防酒洒出。另外应当着顾客面开酒瓶盖，不要提前开盖，以防顾客误解。

②啤酒

目前啤酒的品种非常丰富，一般从外形和包装上可分为扎啤、瓶啤和听啤等。饮用啤酒应观察其出厂日期、保质期等，以防饮用过期啤酒影响健康。尤其是听装啤酒，如果罐底发现已凸起，说明质量已发生变化，决不可再饮用。瓶啤或扎啤除保质期外，应感观检查。看啤酒的泡沫情况，其酒的泡沫应适中，过多或无泡沫均不正常。还应检查酒中是否有漂浮物、沉淀物以及杂质。

啤酒在开启时也应注意到：听装啤酒拉起拉环时要向一个方向轻起拉动，不要猛拉，以防拉豁或把手拉伤。在开启瓶啤酒时，应检查啤酒瓶嘴是否破裂，应用布巾擦拭干净酒瓶。在开瓶盖之前严禁振动啤酒，应放在矮于桌面的位置开启瓶啤，以防发生爆炸事故。

③葡萄酒

葡萄酒主要有红葡萄酒、白葡萄酒、干红葡萄酒和干白葡萄酒之分。在顾客用酒时，服务员应掌握不同品种葡萄酒的原汁含量、糖分含量和酒精含量。葡萄酒一般湿度较大，以70%左右为宜，所以在保存时应尽量放入冰箱或横放于酒架上。葡萄酒一般选用的瓶盖均以软木塞为原料制成，在开启瓶盖时应用特殊工具“酒钻”开启较为方便。需注意的是起木塞盖时，应沉稳不急，开盖时间要多于开启其他酒瓶盖的时间，要有耐心，切忌用酒瓶底部垫上毛巾向墙上摔的起盖方法，以防破裂。

(2)上酒方式

①零点用酒

一般零点客人用酒比较简单。当顾客点酒水过多时，服务员应酌情劝说。尤其是白酒一次点购过多，容易引起醉酒。当顾客点购瓶啤酒时，服务员不要将瓶啤酒盖一次全部打开，一是会影响啤酒口味，二是使顾客有反感。最好服务员能为顾客斟好第一杯酒，使顾客备感亲切。

②宴会用酒

中餐宴会用酒，要按顾客的要求提前做好准备，将酒瓶用布擦干净。斟葡萄酒一般在宾客入席前斟好为宜。如宾客需要在酒中加入冰块，就应根据具体情况待宾客入座后，征得同意方可再斟。白酒要在宾客入座齐全后，待得到宾客的同意后方可开始斟酒。斟酒时应从主宾席开始，从宾客右手一侧，服务员应右腿在前，左腿在后，伸入两椅之间，身体稍向前倾斜，把酒瓶展示于宾客。如是茅台酒应向宾客说出："请您用茅台酒"。每次斟酒时都应向宾客请示，并得到同意方可再斟。斟白酒的具体方法为，将瓶口对准杯口慢慢把酒倒入杯中，在倒入八分满时右手顺时针方向转动酒瓶，并慢慢抬起防止酒滴洒。要做到不滴不洒，不少不溢。服务员在宴会进行中除上菜外，要巡视宾客杯中酒的数量，不间断地向酒杯中酒少的客人斟酒。斟酒时服务员一定要掌握好时机，当宾客相互敬酒时，服务员应紧随身后，随时斟满酒，不要让宾客向服务员要酒。这样宾客会感到尴尬，自己也会感到被动。

(3)用酒时注意事项

①在顾客需用白酒时，服务员应听好听准酒的品种，酒的度数，以防出现偏差，造成顾客不满意，并使企业遭受损失。

②在顾客需用葡萄酒时，应自觉提前准备好冰块，以便随时向需要的顾客提供。

③在顾客需用啤酒时，应按季节向顾客询问，是用冰镇的还是用一般的。冬季顾客用黄酒时，应征求顾客意见是否加入梅子，还应主动将黄酒加热后再让顾客饮用。

17. 对几种顾客的超常服务

餐馆的服务员每天都会遇到各种不同的顾客，比如老、弱、病、残及儿童等。如何为这些顾客服务好，让他们满意，必须具有良好的职业道德修养和高超的服务技能。这也是考核服务员综合素质的最好标准。

(1)老年顾客与儿童

老年顾客年岁较大行动缓慢喜欢安静,而儿童活泼可爱喜欢蹦跳打闹。他们到餐馆用餐时,服务员应根据他们不同的特点,对他们进行合理的服务。比如将老人和儿童尽量安排在离通道较远的座位上,需要视野较宽阔、光线充足的位置。对于年事已高的长者到餐厅用餐,迎宾员应搀扶到座位,保障安全。对于学龄前儿童应尽量照顾,有条件的餐馆应设置儿童专用座椅供儿童使用。一般老年人和儿童用餐量都不大,如条件允许可供应半盘菜。在协助老人和儿童挑选菜肴时,应本着老人和儿童的身体状况,尽量挑选些软、烂、热以及易嚼、无骨、无刺的菜。在口味上应选低盐、低糖、少油腻的菜品,以便容易消化。如双冬扒面筋、豆腐类以及粗纤维的蔬菜类菜品。对老人尽量不点带刺的鱼类和较为烈性的酒。儿童就餐过程中,服务员上汤或火锅菜、铁板菜时应避开儿童,以免烫伤。儿童用饮料最好配备吸管。有条件的餐厅可给就餐儿童备些玩具或用餐完毕举行不同种类的抽奖活动,这样会使儿童产生兴趣,对餐厅留下更深的印象。

(2)伤残顾客

餐馆有时也会有伤残顾客就餐。首先应及时将伤残顾客送至离门口较近的桌位上就座。如是盲残顾客应尽量搀扶入座,将手杖存放在不碍事的位置。一般餐桌上放的餐具要简单,以便盲残顾客使用。同时主动向顾客介绍菜谱并报出菜名。待用餐完毕时主动帮助买单结帐,并向盲残顾客报清每一道菜的价钱,让他们放心满意。

如果是坐轮椅的顾客上门,应迅速搬开餐厅的椅子,将坐轮椅的顾客推至靠近餐桌。对于伤残顾客要多做些特殊的照顾,可帮助他们斟酒、倒饮料及布菜,对手残的顾客如不宜用筷子,应分给刀、叉等,使他们就餐更加方便。

(3)患病顾客

如有些住医院病人手术后来餐厅用餐,服务员得知后应备加关心，询问病情后帮助点一些适合病患者的菜肴和食品。如高血压病人多些清淡可口的素菜，少吃荤腥。如消化系统的病人选择适当软烂、易消化的菜肴如豆腐、鱼类等，不要食用大辣、大酸刺激性或油腻的菜，更不要饮酒。总之有各种疾病的顾客都不可避免地要光顾餐馆，服务员如遇到患病顾客应根据其具体情况有针对性地服务，这也需要餐馆服务员灵活机动，服务到位。

18. 服务员自如地应对特殊顾客

餐馆服务员在向消费者提供服务时，往往会遇到各种各样特殊情况、特殊顾客，也会碰上难解决的特殊问题。服务员必须有思想准备，随时应对复杂的情况，以防措手不及。

另外要求服务员在工作实践中，努力学习业务知识和技能，勤于动脑，要有解决疑难问题的能力和办法。始终牢记"顾客永远是上帝"的宗旨。如遇到确实难以处理的问题，店堂值班经理应迅速参与解决，协助服务员做好解释工作。

下面列举几种典型的例子和解决办法，供参考：

(1)顾客对菜质产生疑义

目前餐饮业竞争十分激烈，许多中小餐馆为了适应新的环境，增加经济效益，创出了很多新品种菜点。新菜、特菜和新的调料层出不穷，这就要求服务员尽快掌握，随时准备为不了解情况的顾客进行宣传和解释，防止出现误解，造成矛盾。比如顾客用餐时点了一盘"清炒芥蓝"，由于本店所用原料是从广东进的芥蓝菜，菜株较细，待炒好后端上桌时，顾客说这不是芥蓝是菜心。由于服务员了解此菜原料产地特点，便能及时向顾客解释说"有一种较粗壮的芥蓝是当地培育的，这种菜株较细的为南方所产"。这样解释顾客仍然不相信，并说我吃过几次"清炒芥蓝"也没有这么细的。细心的服务员到厨房拿来几棵生的芥蓝菜，顾客看后觉得确实是芥蓝菜，当场表示歉意。

还有一例，一位顾客点了一条“清蒸鲩鱼”，特意嘱咐服务员一定要活的。但待此菜做好上桌后，顾客说：“这鱼看上去不新鲜，一定是条死鱼。”当时由于服务员有扎实的基本功和较深的业务知识，立即向顾客讲解说：“活鱼做清蒸鱼，熟后鱼体表面有光泽，鱼肉有弹性，就连鱼眼球也外凸而色洁白。”顾客一看，果然如此，立刻心悦诚服，表示认可。

(2)顾客需要菜谱以外的菜

有些顾客到餐馆用餐，看看菜谱没有自己理想的菜肴，想点一个菜谱以外的一般菜。这种情况会经常出现，作为服务员应让顾客稍等，迅速与厨师长取得联系，征得同意。如果确实缺乏原材料或特殊的调料，应向顾客做好解释并表示歉意，也可让顾客换个相似的菜，尽可能使顾客满意。

这就需要餐馆的厨师技术全面，烹调经验丰富，应酬自如。同时也需要服务员有较强的应变能力、实际工作经验和责任心，还要能与厨房默契地配合工作，才能达到顾客的特殊要求，使顾客满意。

(3)顾客喝醉了酒

有些顾客由于各种不同的原因，在餐馆里酒喝多了，有时甚至有些醉意难以自我控制，这都是很有可能的。

为了不影响其他顾客正常用餐，服务员应会控制局面，最好通知经理或保安人员协助处理。如果有条件应迅速将喝醉酒的顾客，转移到其他空房单间远离就餐现场，以防与其他顾客发生冲突或酒后呕吐，影响整个餐厅的环境和业务。如有大吵大闹或有不检点行为的，为防止事态扩大，要向上一级报告，严重的及时向 110 报警。

(4)顾客点菜有困难

有些顾客到餐馆用餐对点菜较陌生，尤其对菜谱上的菜肴的风味、烹调方法以及颜色、口味和内容都不熟悉。点菜时不但时间长，犹豫不决，很是为难。这时服务员一定要耐心，必要时对他们给予帮助。视他们的身份或他们喜欢的口味，协助他们点菜，但一定要以经济实惠、可口为原则，使顾客满意为止。决不能催促顾客或利用顾客不懂点菜的机会，敲竹杠。注意协助点菜数量要适中(不要过多或过少)，价格要合理。

(5)顾客要求尽快用餐

有的顾客走进餐馆，就向服务员表示要求快些用餐，一般是顾客有急事要办。比如有的顾客在用餐后有紧急公务要办；或者顾客用完餐立即去看一场演出或球赛；还有可能是要赶飞机或者火车等各种各样需要办的急事。他们往往只需要在有限的时间里就餐。当顾客遇到困难或提出要求时，应得到服务员的理解和支持，尽量满足顾客的这一特殊要求。首先，服务员应向顾客询向还需要多长时间去办事，在有限的时间里，可协助顾客点一些烹调方法简单的菜。然后，迅速向厨师长说明情况，把所点的菜往前安排，保证在预定的时间内用上餐，让顾客满意。

(6)两方顾客发生矛盾

在餐馆里就餐一般顾客之间发生矛盾吵架的不会太多。但有时因各种原因也很难避免。比如，有的顾客因争坐一个合适的座位，发生争执。还有的两桌顾客原来就有纠纷和矛盾，恰好在此相遇。如属于顾客对服务员有意见，应由大堂经理出面解决。如与本店服务员无关，只是双方顾客吵架闹矛盾，应马上做好以下几点。

①将产生矛盾或发生口角的顾客双方，迅速带离餐厅，到其他房间或办公室。

②服务员要将餐厅内用餐顾客适当疏导，并将桌面上顺手可得的物件如茶壶、茶碗、酒瓶、烟灰缸等收好，以防这些东西被当做斗殴的器械。

③如发生矛盾的双方顾客有违法犯罪现象，使用杀伤器械，如匕首、枪枝等，应立即报警，并尽量疏导顾客远离现场，尽量控制好局势。在可能的情况下，保安应予制服扭送附近派出所。

④如出现伤者，应协助及时送往就近医院治疗。

19. 服务员应有解决突发事件的能力

所谓突发事件，只是有所准备而无法预测的天灾人祸，或是生活中常常遇到的突发事件。在餐馆里可能会遇到地震、雷击等意外的不可抗拒的自然灾害，这些对于任何人都是无能为力的。但对于一般的停水、停电、停煤气等事件，我们只要多一些准备，事情总可以解决。所以需要服务员在平时的工作中多一些心理准备，多学会一些解决突发事件的能力，餐厅才会更安全，顾客才会更满意。

(1)防火

餐饮业发生火灾是屡见不鲜的。由于大部分餐馆厨房灶台均使用天然气或煤气。有些单位因厨房布局不合理，操作人员使用不当或操作不规范，造成了火灾和人身伤亡。另外有人吸烟不小心，也是造成火灾的隐患。

为了杜绝餐馆的这类恶性事故的发生，所有人员都必须认真对待消防工作。除了厨师要对厨房的煤气、天然气加强管理和指定专人负责外，服务员在日常工作中，要十分警惕火灾隐患。有条件的餐饮企业应配置烟感报警器、烟感自动喷淋。一般餐馆必须配备消防设施灭火器。

一旦发生了火灾，服务员不应慌乱，首先应有顺序地疏散客人，利用一切可以利用的消防器材和设施，尽力扑灭火源，使之不致于蔓延发展。

火情一旦扩大，要有专人向公安消防部门119报警。报警时应冷静，要说清着火的地点，说明火情等，并安排好接应人员。餐馆所有人员，在火未扑灭前不要大喊大叫，保持清醒的头脑，坚守岗位不离店，并保护好现场。

(2)防电

餐馆配有各类电器设备，小至灯泡、开关电闸，大至冰柜、空调以及经常使用的各种机器设备。为了防止发生因电器所造成的事故（厨房设备另议），尤其服务员在前厅应定期检查餐厅内电器的使用情况，保证电器设备的正常运行，以免影响正常的服务工作。其中要严禁私搭乱接电源，严禁员工宿舍等地使用瓦数较大的电炉、电热器等，以防超负荷或意外失火等现象。严禁不懂电工技术的外行人员私自进行电工操作，以防出现意外事故。

在餐厅营业中，对于顷刻间突然停电或因设备损坏而造成的停电，服务员要有心理准备，提前准备好蜡烛、应急灯或手电筒，以防发生意外和混乱，保障就餐顾客的稳定和安全。

(3)防盗

餐馆中如遇行迹不轨的人出现，应提高警觉，防止结伙或单独作案，防止顾客的财物被偷被盗，或顺手牵羊。如发现情况，首先应向用餐顾客打招呼，提醒或暗示其注意自己的衣物，并告之保安员随时注意他们的行迹，如餐馆没设保安员，应向值班经理报告，以杜绝发生偷盗事件。

餐馆的收银员要保管好销售款，提高警惕，防止漏柜。在收银时应使用验钞机，不得马虎，以防收进假币受到损失。

20. 服务若干新招

作为第三产业的餐饮业，其最大的特点，就是当顾客走进餐厅后，服务员必须给予一切可能的优质服务，为顾客提供和造就舒适的服务氛围。目前许多中小餐馆已经在营业实践中，采取了许多为顾客服务的新招术和新举措，想出很多适合当今餐饮业需要的服务项目，以赢得宾客的青睐。

(1)代客加工

①有些中小餐馆开展对顾客食品加工业务，对顾客所带主食或菜肴免费加热，或者低价加工成成品。为了防止意外，应有具体措施。

②可直接为顾客家中定餐、送餐，送餐内容包括菜肴、烤鸭及

主食和冷菜等。

另外可接受顾客的邀请，到顾客家中代办各种宴席，如婚宴、老人寿宴等。

③对于老年人或儿童用餐，食用量较少，餐馆可向他们供应半盘菜，以此满足顾客的需要。

(2)服务上桌

一般餐馆无论零点或宴席，都以服务上桌的方式为顾客服务。这里所讲的是一些快餐店，如牛肉面馆、大排挡等形式的餐馆也在服务上桌。一般快餐业的销售方式都是一手交钱一手交货，自取食品和自选座位。目前有些快餐店已改变了往日的经营方式，明档展台服务员协助介绍点菜，代收款和服务上桌，这种服务的新举措也应发扬。

(3)免费供水

餐前一般服务员都要向顾客询问用什么茶。目前顾客的餐前饮茶因茶的品种不同而收费标准也不同，低价的一壶10元左右，而高价的一壶可几十元不等。有的还供应免费茶水，以供一般顾客饮用。对不喜欢饮茶的应斟白开水。有条件的餐馆应尽量购置既卫生又方便的饮水机，以供顾客自选冷、热水。

(4)椅子配套

有时餐馆顾客出现被窃现象，窃贼常利用餐馆客人多，顾客用餐时注意力过于分散，将顾客挂在椅背上的书包、提包、衣服口袋中的手机或其他物品窃走。很多经营者想出了独特的防范措施，发明了防盗椅套。就是把顾客的衣服、各种提包类放在椅子背上，然后用一种布制罩套在物品之外，保证了物品的不丢失。由于增强安全感，顾客对这种服务都十分满意。

21. 前厅的卫生工作

餐馆前厅是就餐顾客的重要活动场所。一般来讲，餐厅内的环境、气氛、情调以及服务如何，会直接影响顾客的用餐情趣和满意程度。当今，干净、明洁的餐厅是顾客的首选。要使经营者和服务人员对前厅的卫生工作引起重视并努力实施，将是争取回头顾客的重要因素。前厅的清洁卫生也包括许多方面：

(1)环境卫生

第一，店面要整洁。首先前厅的地面应保持洁净、干爽。在工作中要求随时清除因营业造成的水渍、油渍、杂物等。雅间的地毯要保证日吸尘两次以上。所有前厅、雅间的门窗及玻璃要定期擦拭，保持清洁、明亮。天花板和墙壁清洁、无灰尘、无污点。服务人员的调理台(接手桌)是服务员储存餐具、酒具的柜子，要经常清理更换垫布，其中所码放的用具应整齐不乱，银器或不锈钢用具要定期消毒和洗涤，以免受到蟑螂或来自其他方面的污染。

第二，摆设应整齐。

前厅内部的餐桌、餐椅应保持干净无灰尘，桌布、椅套应保持干净，平整无污迹。挂衣架要保持干净，衣钩完整无损。雅间或零点餐桌上的花瓶应保持洁净，如选用鲜花要保持勤换水，以防发霉。五味瓶和调味壶干净不留渍迹。吧台台面要保持洁净、无杂物，酒的摆放要整齐，无灰尘，错落有序。

第三，卫生间要清洁。

餐厅的卫生间卫生工作，往往会被忽视，尤其规模较小餐馆的卫生间，更是无专人负责。卫生间每天至少要打扫2～3次，服务员打扫卫生间时，必须更换专用的工作服。要保持地面、便池以及墙壁的洁净，洗手间最好设置烟缸，以防客人随手乱扔烟蒂。有条件的应设洗手消毒液和光电烘手机。

(2)个人卫生

餐厅服务员的个人形象、仪表、仪容的好与坏，都会直接关系到餐厅的声誉。有些服务员不注意个人卫生，虽然穿得较干净，可是长长的指甲去端菜实属不雅。服务员上岗首先要衣着干净、整齐并佩戴胸卡，衣服整洁，不缺扣露胸，不挽裤卷袖，西装要系领带或领花。女服务员穿裙子不宜超短或过长。

服务员要勤洗澡、勤剪指甲、勤理发。做到男发不过耳，女发不过肩，男不留胡须。班前不吸烟、不喝酒，不吃异味食品，如葱、蒜等物。

服务员要做好前厅的卫生工作，从思想上加以重视，时时约束自己，自觉遵守卫生制度。服务员在平时为顾客直接服务时应在卫生方面注意以下几点：

第一，每天上岗一定保持工作服、围裙、鞋袜整洁干净，要用水洗净指甲。

第二，服务员在为顾客服务时不要直接用手接触食品；在端运过程中切忌用不净的餐具；食品一旦掉在地上即应弃掉，不宜上桌食用，以防细菌污染。

第三，服务员在餐厅工作时不要用手抓头、挠痒、掏耳、挖鼻，打喷嚏应用手巾捂口，避免污染造成顾客的不满。

第四，服务员上卫生间，有条件的应更换专用服装。去完卫生间或收拾完用过的餐具，以及为顾客交款买单中接触过钱币和小票后，都应马上洗手以防污染。

22. 餐具用具要严格消毒

食品卫生在饮食中非常重要，由于餐具、用具消毒的不彻底，往往也会污染食品，甚至可能引起食物中毒或发生传染疾病。

(1)餐具与用具。所谓餐具和用具是指餐饮业中常使用的用餐器皿、工作器具、炊具和食品机械等。具体应包括：盘、碟、筷、羹匙、五味瓶、餐巾、瓷器皿、汤罐子、玻璃器皿、各种酒杯、茶杯、台布、塑料制品和纺织品等等。

(2)餐具、用具的消毒。餐馆所使用的餐具、用具、茶具以及厨师盛放直接入口食品的容器，在使用之前必须洗涤消毒，以减少食品的二次污染。餐具必须集中用蒸气消毒、煮沸消毒或红外线消毒柜消毒。消毒人员必须认真实施消毒工作，才可达到卫生标准。

餐馆中需要配备消毒设备，这是卫生行政管理部门对餐饮业的一项重要的要求。为此餐馆经营者应积极照办，彻底解决消毒问题。避免出现敷衍了事的消极思想，有些经营者怕增加开支，只用外购的"消毒液"或其他洗涤液来代替餐具消毒办法，其结果达不到消毒餐具用具的效果。

(3)餐具、用具卫生要求。洗涮餐具、用具要坚持一冲、二洗、三净、四消毒的工作程序。消毒后的餐具、用具应自然风干，要入柜保管，用净布罩盖，以防灰尘或其他污染。洗涮餐具时应经常保持水的清洁度，随时清理残渣和其他废物，随时更换干净水。

(4)要保持洗涮用具的干净卫生，如刷子、抹布、胶皮手套等。

(5)在洗刷厨房工具、设备时应注意断电拉闸，待干燥后方可使用，以防触电或出现工伤。

六、对经营者的要求

1. 开餐馆必须有心理准备

当今是旅游事业大发展的最佳时期。经营好一个餐馆，也是许多择业人的一种向往。一旦方针已定，经营者往往又感到束手无策，不知从何处入手。经过一段实践后，还是感到很多地方不顺利。这里最重要的是经营者先有思想准备。必须具备较强的心理承受能力，并且不断提高创业能力和积累创业知识。

(1)时间的考验

许多想开餐馆的人，没干这一行时想干，一旦干上了餐饮这一行又觉得太苦太累。随后便心灰意冷了，偶然来光顾一下，有时想来就来，不高兴就不来，一天到晚吊儿郎当，餐馆怎能兴旺？

大家知道要经营好一个餐馆，并非容易的事情，首先要专心经营，全心全意地做。要想餐馆赚钱，除了有好的就餐环境、高超的烹调技术、优质的服务态度，老板从早到晚兢兢业业的工作也是相当重要的。有些老板从早晨开门一直到晚上结帐，顶着星星走，陪着月亮回，经受着时间的考验。必须有牺牲旅游和逛商场、逛公园以及其他娱乐(除必要的)活动的心理准备，只有把时间全部交给了企业并全身心地投入，企业才会真正成为自己的。

(2)顾客总是上帝

任何一家餐馆，对每天光顾店面的顾客，都应以上帝来对待。老板的一举一动都必须保持热情好客的风度。对人对事始终要保持“和气生财”、“精神饱满”的状态。

大家可以想象到，每天众多的顾客来就餐，人们的性格是多种多样的。有些顾客不仅对服务特别挑剔，有的还经常说一些不中听的话。还会有一些顾客酒后出言不逊，面对如此的“特殊顾客”，老板千万不能急躁。仍然要保持“好客”的风度，要有涵养，把顾客永远当成“上帝”。

必须灵活应付，学会和掌握招待“特殊顾客”的特殊方式。所谓“特殊方式”实际上就是针对不同的问题采取多种解决办法。始终以诚相待，再挑剔的顾客也会被真诚所感动，大多数顾客是通情达理的。

(3)要宽以待人

开餐馆无论对于经营者还是内部员工来说，都是与人打交道的工作。时间长了避免不了要发生这样或那样的矛盾。如何处理好人际关系，也是检验经营者的管理水平的重要标准。在餐馆经营的整个运作中，老板与员工之间，服务员与客人之间，服务员与厨师之间以及各个部门之间，随时随地都会发生各种各样的矛盾。作为老板，一要有思想准备，要善于发现问题，善于解决问题。经营者要有承受能力，在别人与自己发生争执或矛盾时，自己应放下老板的架子，给予员工或他人宣泄内心矛盾的机会。总之，要应付各种矛盾，要合理解决好发生在自己店中的问题，就必须有真挚的态度、宽容的心理、求实的方法，去灵活应对。提前做好感情投资，防止事情成堆，避免内耗，才能使企业健康地发展。

2. 私营餐馆的管理

随着社会和市场经济的发展，选择私营餐馆的经营者会越来越多。他们有的从小到大，有的却从大到小直至消亡，这都与其经营管理水平有关。管理上的局限性以及经营上的误区，是最大的弊病。

要想使私营餐馆走上正常发展和经营的道路，必须调整经营思路,改变经营思维方式。首先私营餐馆的经营者,应从家族式的管理模式中解放出来,改变主观主义,一言堂的管理行为。一些管理人员除应适当参加正规的管理理论学习和进修外,具体工作还应从简单的基础内容抓起,才能使餐馆立于不败之地。

(1)企业应建立健全规章制度,改变人管人的现象。同时避免制度和规章不见于成文而停留在口头上,改变制度的随意性和朝令夕改的毛病。否则员工无从做起,往往会出现政令不一,容易在实行中走样,产生矛盾重重、各行其是的现象。

(2)为了使员工或管理人员在工作中最大限度地发挥自身的主观能动性,应设定明确的责、权、利范围,加大管理力度,奖惩分明。

(3)经营者应着重管理好餐馆的财务制度,抓紧成本核算工作。避免出现财会记流水帐,厨房产品不做成本核算,售价不合理的问题。

当然,私营餐馆的管理内容还有很多,如菜品质量、服务质量等等。这里只讲最为基本的和较为重要的关键问题。

3. 老板也要不断提高自己的综合素质

开餐馆当老板,看起来是悠闲自如,开心愉悦的事,一般局外人看来是一件清闲的美差。实际上要想把餐馆办得顺顺当当,可不是想象的那么轻松,进一步想赚到钱更是困难重重。

目前餐饮业的竞争相当激烈。无论你开一家何种档次的餐馆,开业之前都要有充分的思想准备。要有业内知识的积累,不断地学习,以提高自身的综合素质和经营素质。这样才能使经营起来的餐馆从弱到强,从小到大,一步步发展起来。

俗话讲:“隔行如隔山”。就目前餐饮业中,私企经营者占整个业内的多数,其中大部分经营者不是本行人。他们对行业内的规矩和细节了解甚少,本人经营素质又一般,业务技术基本不懂,往往难以确定经营的定位、经营的方式以及规范的管理。导致业务步履艰难，甚至逐步从“开业大吉”变成“关门大吉”。

据统计，北京餐饮业每天有多少家新注册开业的餐馆，就有多少家要停业、倒闭或出租、转让的餐馆。真是一家欢喜一家愁。

许多局外人都认为，开个餐馆没什么难的，只要经营者有一定经济实力，找一家合适的店面，招聘几个厨师和服务员，就能等着收钱。其实不然，开办一个餐馆容易，真正经营好很难。

一般说来，成功的经营者都是在不断提高自己综合素质的同时，而不断改变自己的经营策略。不仅要做长远的策划和安排，其中包括企业从选址开始的一系列工作。还要确定餐馆的经营内容、人员的培训、建立企业制度等等。本人必须有较强的事业心和较高的责任心，不断学习和掌握餐饮业的基础知识。对烹饪原料加工技术、烹调方法、食品卫生、成本核算以及餐厅服务知识等一系列问题都要有所了解。

为此建议餐馆的经营者，要多学一些有关现代经营管理的书籍，不断提高人员的管理水平，更好地掌握经营理念、经营方法、经营技巧。

要多学一些有关技术方面的书籍。通过学习理论与实践相结合，做到初步了解厨师创造菜品的全过程，了解前厅服务方法的规律和技巧，从外行逐步变成内行。

要多学一些法律书籍，熟悉和掌握法律知识，善于用法律法规约束自己、保护自己，依法经营企业。

要不断提高领导艺术水平。对员工要因人而用、因事而用、因才而用，能深明其理，重才也要重德。要不断反思自己的工作，总结经验，不断提高自身的修养和综合素质，以敏锐的眼光和宽广的胸怀，对人、对事、对物、对现实，才能使企业在激烈的竞争中立于不败之地，才能成为一个会赚钱的精明的老板。

4. 业者在经营中要抓住关键问题

中小餐馆在经营过程中需要抓住和处理各种各样的问题。如:开业前期的准备工作,人员的招聘,经营的定位,岗前的培训等等。但最最关键的,应是抓好对人的管理。

中小餐馆的管理机构,不像星级饭店有庞大的领导体系,有一批精良的高级管理人才。目前中小餐馆中,民营企业占一定的比例。其实,从管理上讲并不需要经营者照搬星级饭店管理的模式,只是要求从最基础做起,因店而宜,善待人才,善用人才。只有用好将,才能带好兵。

(1)要发挥中层管理人员的积极性

任何一家餐馆,都会设有中层管理人员。这批人员上对老板,下对广大员工,在企业中起着至关重要的作用。餐馆的效益和企业的命运都与这些人员息息相关。

从长远观点来看,中层管理人员最起码应做到:协助老板共谋企业大计,经常出点子提合理化建议,不断为扩大业务,增效扩源做好经营计划。老板对这部分人应珍惜和爱护。做到因人而用、因事而用、因才而用。要信任他们,不要乱点鸳鸯谱,给予他们充分的管理空间和管理条件,充分调动他们的积极性,充分发挥他们的聪明才智。这样才能有效地管理好各部门员工的具体工作,从而带动并激发广大员工的工作积极性,热情服务的技能和水平,使企业产生强大的团队精神。

(2)明确中层管理人员的责、权、利

为了更好地发挥企业中层管理人员的能动性和积极性,使他们能够理直气壮的参加企业管理。必须给予他们特定的权利范围,放开手脚让下属去干,除了在宏观上的指导以外,老板不要随时随地地指手划脚,婆婆妈妈,使下属人员无所适从。

为了使中层管理人员更好地带领下属员工做好工作,老板必须明确其责、权、利的具体内容。决不能在这方面有其名无其实，尤其中小型餐馆要注意这一点。否则责、权、利仅浮于表面，长此以往，不但加大了管理的难度，也伤害了中层管理人员的自尊。

(3)要抓住规范的成本核算

在餐馆中尤其民营企业者，一般常出现两种对成本核算的不同做法。一种现象是不懂成本核算，没有规范的财会制度，对于所经营的菜点不做成本核算，所定价格也无标准，一般以估价为主，老板说卖多少钱就定多少钱。物品消耗更是缺乏正常的管理，造成原材料的进价高或浪费大，加大了成本的开支，降低了应有的效益。

另一种现象，从表面上看好象对成本核算抓得很紧，由于没有规范的财会制度，结果“丢了西瓜拣了芝麻。”往往发现了问题，才大吃一惊。比如北京一家饭店的一层餐厅，由私人承包经营，买卖还算红火。餐厅的帐目由一个兼职前厅经理的朋友代管，由于两人关系密切，老板从不向朋友过问每天的收入，每月的毛利率。整天忙于外事，事隔几年后，这位“朋友”捞到了不少私利，终于卷包而逃，弄得老板哭笑不得，后悔已晚。

所以，餐饮业者首先应抓住餐馆的所有经济命脉。不但要制定出合理的手续制度，控制好成本核算，还必须关心每天的营业情况。为防止服务员收款中的漏帐漏菜现象，应经常抽查销售小票，发现问题及时解决。掌握好日营业收入和营业外收入的情况。要建立起会计记帐制度。对于企业菜品定价要经成本核算过程，一般需建立成本卡。对于每月盘库要认真如实进行，不得虚报品种和斤两。随时掌握企业经营的毛利率，做到心中有数，及时调整，以保证正常营业的有序运转。

(4)要定出健全的规章制度

俗话讲：“没有规矩，不成方圆”。也就是说一个企业或单位，必须制定适合自己企业的规章制度，给予员工必要的指导和约束。否则会使每天的工作无方向可寻，杂乱无章，一事无成。

有些餐馆面积不大，投资不多，由于私企经营常常老板一人说了算，从无正规的制度。有些所谓的制度也是纸上谈兵，随意性甚大。内部从业人员进行工作十分困难，正式员工无章可循，新员工更不知从何做起。

由于没有形成文字的规章制度，很难让下属自觉执行，结果造成企业领导说话不硬气，政令不一，造成许多不必要的矛盾，这样的餐馆经济效益很难上升。

较好经济效益的餐馆，首先应建立合理可行的一整套规章制度，比如：各部门的岗位责任制、员工守则、岗位技能要求、工作标准要求以及奖惩制度等。以保证企业制度的健全，使企业更有生命力，才会立于同行业中的不败之地。

5. 要注重菜品的营养和卫生

顾客到餐馆用餐除了注重菜品质量、菜量的多少以及菜品价格之外，健康的消费也是当前人们较为关心的问题。如何保证菜品的营养和卫生，也是人们选择餐馆用餐的一个标准，否则顾客决不会轻易光顾。事实说明，餐馆菜品的营养卫生工作做好了，企业知名度提高了，其企业竞争能力和效益也会相应的提高，对于经营者是明智的选择。

餐馆的厨师在制订菜单时，应尽可能地做好膳食结构合理搭配，科学地组织荤素结合，主副食结合，选用烹饪原料应考虑广泛，提倡粗粮细作，开发家常山野菜的制作。

对于胆固醇含量过高的动物性下水原料，要用新的烹调方法去加工，尽量改变它对有心血管疾病患者食用量。对于有些菜品包括油过大、口味过咸和过甜都应加以改变。对于先上高蛋白的海鲜产品菜肴，最后上含鞣酸水果的上菜程序（可形成草酸钙）也应加以研究改变，总之应迅速改变餐馆中存在的菜品结构不合理的弊端。

另外餐馆服务人员,也应学习和了解一些科学的饮食营养知识,来指导顾客合理点菜,合理科学地用餐。有条件的应向顾客主动介绍菜品的菜量情况和营养含量,使不同顾客在选择菜品时各尽所需,达到健康消费,避免得“文明”病。

讲究科学饮食,有利于健康。如果吃了带病菌的食物,吃了引起各种疾病的菜品,就无形中损害了顾客的身体健康。如吃了容易引起脑血管疾病的食物,吃了容诱复发糖尿病的食物,都可称得上“病从口入”,是不可取的。

6. 食物中毒的预防与处理

所谓食物中毒,就是由于食用了各种有毒的食物所引起的急性发作的疾病。其特点一般多为群体性,发病较为突然,来势迅猛。

食物中毒的原因很多,一般是由于有些致病细菌污染食品,甚至大量繁殖,使得某些食品腐败变质,人们食用后引起中毒。还有某些食品在一定条件下含有毒素成分。如河豚鱼含河豚毒素,马铃薯发芽会产生龙葵碱,食用扁豆如不完全煮熟,含有抗胰蛋白酶因子和植物血球凝集素、皂素等物质,会导致中毒症状。

(1)食物中毒的类型

①细菌性食物中毒:这种中毒原因主要是人们食用了含有大量致病细菌的食品,以及含有毒素的动、植物性食品。细菌性食物中毒多发生在春夏温度较高的季节。

②有毒动植物中毒:这种中毒多为误食有毒原料或对有毒食品加工不当所造成的疾病。如扁豆、鲜黄花菜、烂叶白菜等。

③化学性食物中毒:是食用了带有化学农药或重金属元素有毒食品引起的中毒。如乙醇、亚硝酸盐等中毒。

此外还应注意其他真菌素霉变食品中毒,霉变甘蔗等中毒。

(2)食物中毒的预防

①搞好宣传工作,普及预防食品中毒的科学知识。

②饮食业要做到“四不”，即不买、不进、不加工、不出售腐烂变质的食品。

③出售食品要有必要的防蝇、防尘设备，包装食品应用经消毒处理的物件存放食品。厨师与加工人员，应定期体检，患传染病的人员应停止生产食品工作。

④食具、用具要彻底消毒，食品生熟要分开，存放食品或半成品，要与药物、杂物、有毒物品严格分开。

⑤控制和消灭食品中微生物的生长和繁殖，可采用低温冷藏、高温杀菌、脱水、腌渍等处理方法，防止细菌污染造成中毒。

(3)食物中毒的处理

企业一旦发现顾客有头晕、恶心甚至呕吐、腹泻等现象，经营者应高度重视和关心。在查明有关原因的同时，应马上采取措施将病人送往医院，并立即报告卫生部门，以便及时处理。

企业主管领导必须亲自抓好卫生工作，切实制定有关规章制度和检查制度，做好食品卫生把关工作，严格控制和杜绝食物中毒事件的发生。

7. 延长餐馆的兴盛期

餐饮企业自打开始经营那天起，随时都可能出现从红火至萧条，从兴盛到衰败的可能。

目前许多餐馆的经营正在颠峰之上，不但人气旺，效益也红火得很。此时经营者必须多动些脑筋居安思危，时刻考虑怎样保持良好的经营状态，怎样延长餐馆的兴盛期，决不可产生满足情绪。

作为老板在餐馆经营兴旺的关键时候，更应做好市场调查，调整自己的经营策略，以适应千变万化的市场需求，切不可高枕无忧，松懈情绪，丧失警惕。要想保持企业旺盛的局面，健康的发展，老板指挥和决策都十分重要，同时要有崭新的经营理念，这一点更为关键。

要想延长餐馆的兴盛期，老板要做的工作很多。其中最主要的应先抓以下几点：

(1)经营者要不断地提高自身的经营素质，善于找出企业与市场之间的某些差距，及时总结出经验。要严格要求自己，保持冷静的头脑，不断改变自己的思想意识和生活作风。要更大限度地团结员工，善用人才，善于培养人才。要树立企业竞争意识，随时把企业的危机看做是一种动力。有计划有目的地把握住“火候”，使企业能较稳步地向前发展。

(2)菜品要适时更新，服务意识和技能必须到位，这是使顾客满意的最基本的要求。老板首先要树立创新的观念：即企业经营内容，菜点品种，要随时跟着顾客的要求去改变和创新。只有顾客满意，供应的菜品才对路子，才会有企业的生命力。老板应经常亲自参与有规律的菜品品种“更新换代”工作。经常出新菜、出好菜。使顾客每到餐馆就餐，都会感觉到有新、奇、特的菜品出现，有常吃常新的感受，不断增加回头客率。同时，对于餐馆厨师技术的提高也有促进作用。

在菜品品种不断改变的同时，必须仍然要狠抓服务上的管理。做好服务员的岗前、岗中的培训工作，让他们随时了解新添菜品的内容及其加工、烹调、口味、特点等。

(3)要不断吸取其他餐馆消亡的经验教训。客观地分析、处理市场出现的新问题，学会预测顾客新的需求变化和饮食心理变化，并及时地调整和实施。在硬件上要有阶段性的适当变化，如餐厅室内装饰物的变化，服务员服装按季节从颜色到款式上的变化，以及宣传、广告内容的变化等。使新、老客人都有新鲜感。总之，从思想上要时刻重视餐馆兴盛期延长的工作，在行动上要实施具体工作，时刻保持谨慎的态度。这样，一旦企业营销有滑坡的征兆，也能及时发现，及时调整，转危为安。

8. 餐馆效益下降必有原因

餐馆在过去的经营里有淡季和旺季之分，员工也会有忙和闲的区别。近几年来虽然淡与旺不十分明显，但营业效益里也有高潮和低谷，不是一成不变的。一旦出现餐馆效益下降，就应马上找出原因，不可马虎和丧失警惕。一般讲除了不可抗拒的外部因素，就是从经营者内部因素来分析原因，引起足够的重视。

为此，经营者和员工应端正态度，自检自查，研究策略，变被动为主动。从管理上、技术上、服务上找出差距，改变局面走上正轨。

(1)菜品质量

如果餐馆效益和收入不如过去，应检查一下餐馆所出售的各种菜点质量是否有所下降，是否没有专人把住菜品质量关。如果是菜品质量出了问题(包括冷菜、热菜、面点、小吃等)，即使是微小的问题，只要顾客不满意也会影响甚大。比如：其一，由于管理上的混乱，不断调换厨师班子，即会影响菜的风味。其二，由于厨师没责任心，工作粗制滥造，偷工减料，以次顶好，顾客投诉不断，经常退菜等。其三，餐馆供应菜品菜量突然减少，其质量并没有提高。等于暗中提了价格，顾客很难接受。其四，供应的菜品品种老一套，不懂得根据季节变化和顾客口味的要求推出新菜，顾客无新意感，也是客源流入其他餐馆消费的原因。

(2)服务质量

顾客到餐馆就餐受到热情的接待和服务，会使顾客觉得到店如到家，备受尊重，自然会成为回头客。企业有了人气，效益才能青云直上。反之，前厅的服务工作出了问题和偏差，就要从多方面寻找原因。

其一，前厅经理和主管是否在默契配合上出现了问题；领导与服务员之间在团结上出现了危机。

其二，服务人员无序减少，人员匮乏，人为地加重了服务员的劳动强度。再加上有些企业无休息日，使员工体力下降，力不从心，“无心恋战”。

其三，服务员不按企业规章制度和服务程序办事，自由散漫，精神不集中，上错菜，工作事故频繁，顾客满意率一降再降。

(3)卫生状况

一个餐馆的就餐环境和卫生状况，对于顾客的上座率以及企业效益的增长，都会起着决定性的影响和非同小可的作用。所以一个餐馆如果环境卫生和食品卫生搞得很差，将会失去一大批顾客。

比如：其一，餐馆每日供应的各类菜品和点心、小吃，经常出现草刺、头发、杂物，甚至常有夹生或焦煳的现象，使顾客有所反感。

其二，餐厅内灭蝇措施不到位，苍蝇到处乱飞。工作越忙顾客越多，服务员越是拿着蝇拍打苍蝇，越使顾客感到不舒服，食欲大减。没到下班时间，服务员便开始打扫卫生、扫地、墩地，对还在就餐的顾客很不礼貌。

其三，厨师穿着又黑又脏的工作服从餐厅走过，个人卫生极差。

其四，店外环境卫生无专人负责，天气不好，一刮风便碎纸、杂物满地横飞。店门口虽摆放着盆花或黄洋、万年青，却无人浇灌。

(4)菜价变化

在餐馆就餐的顾客除了对菜品的色、香、味、形很是注重外，菜品的售价更被关注。一盘菜品除了质，价格是否合理、菜肴的原材料和价格之间是否能成正比，也是诸多消费者比较敏感的事情，经营者应特别加以注意。

到目前为止，尤其一些民营企业在菜价问题上还存在着许多问题，亟需改进，否则，顾客不会再来你的餐馆中消费。

比如：其一，有的餐馆从来没有进行过规范的菜品成本核算(也不懂核算)，多数经营者以估价的方法，也就是“一口价”，老板说了算。还有的餐馆的菜品，起初经营定的一个价格，待菜品卖得很红火，点菜的人多时，经营者便无原则无根据地往上调价，使到此用餐的常客难以接受。

其二，菜的价格无标准，价格该高的菜品价不高，价格该低的菜品价不低，造成混乱。如一个新开业的餐馆，一盘“麻婆豆腐”售价10元，而一盘“回锅肉”也定为10元。顾客会感到价格上的不合理，一些顾客认为“回锅肉”的原料是劣质的，或有以次顶好的嫌疑。

(5)菜量变化

菜量的大小是一般工薪阶层去餐馆就餐比较关注的问题。而对于经营者来说，在菜质量允许的情况下，加大菜量薄利多销，是为了提高企业的效益，同时也是餐饮业一种竞争的手段。在供应某种菜品时，菜量应有一定稳定性。但许多餐馆由于管理不善，在菜量上也会时常出现问题。比如：某餐馆开业初用菜量大来吸引消费者，当生意做好了菜价没变，但菜量少了许多，这里不免让人们觉得餐馆对顾客有欺诈嫌疑。

另外，有些餐馆出售的所谓量大的菜品，其实是做了些手脚。比如：一盘菜增加配料，减少主料。像“怪味鸡”将片好的少量白鸡、肉片放在盘内的大量黄瓜丝上，再浇上怪味汁显得十分丰富。

(6)上菜方式

到餐馆消费的顾客，对上菜的顺序、速度也都有要求。除了宴会外，一般零点顾客都喜欢上菜快，顺序合理，顾客用完餐会感到愉悦。上菜快，一是符合当今快节奏的生活方式，二还可以快用餐快撤台增加翻台率。一个中小餐馆上菜方式出现无序也会使顾客另寻他店就餐，影响其效益。

比如：其一，顾客用中餐一般习惯于先上冷菜后上热菜；先上较优质的菜后上一般的菜；先上荤菜后上较素的菜；先上菜而最后上汤；先用菜而后用主食或点心，其实这也是上菜的基本顺序和原则。有的餐馆却不是这样，因而使得顾客不满意。

其二，由于上菜时间和方式无规则，也会使顾客之间发生矛盾。如先来的顾客点完菜，迟迟不见冷菜、热菜上桌，而后来的顾客却先用上了餐。

有些有急事的特殊顾客,如得不到照顾,会失去对餐馆的信任。

以上所提到的问题,均与企业效益下滑有重要的关联。当然还会有更多的其他因素和原因。总之经营者要多在内部建设上下些功夫,认真找一找自身的问题,看究竟属于哪一类原因,针对存在的问题,找出解决的办法。如仍无效果,可找一家餐饮咨询机构,或从事餐饮业多年的专家帮助出谋划策,使企业很快出现转机,使已经效益下滑的餐馆,在短期内有所改观。

9. 经营者要培育员工的创新意识

每一种行业的每一位经营者,都希望自己能开发出与众不同的新菜品,独占其偌大的市场,提高经济效益,得到更高的利润。

然而,要想真正开发出自己的得意产品,也不是件容易的事情。必须经常鼓励和培育员工(包括管理人员)的创新意识,发挥群众的聪明才智。这就是说,要创新就需要广大员工都懂得开发新菜品的种种秘诀。

(1)了解情况

①餐馆的管理人员和其他员工,应在创新意识的前提下,注意观察和了解周围情况和就餐顾客的直接反映。能切实把顾客对本店菜品创新或服务方式的改进意见,作为开发新菜品的举措和改进工作的起点。

②听取一线工作服务员对于创新产品、对于改善服务的意见。

③要树立创新意识,虚心学习,对于同行无论是厨师的创新产品还是服务员新的服务和促销方式,都应尽快地向他们学习。在实际工作中根据具体情况创造性地模仿,找到适合自己餐馆的创新内容。

(2)循循善诱

经营者对员工的创新意识，除了平日经常鼓励和培养外，还应强调不可一蹴而就，在新菜品的开发和创新上应注意做到：

①经营者在注意收集众多员工的菜品、无形菜品的创新上，多听、多看，不应吹毛求疵，横加指责。要善于鼓励和鉴别好的和比较好的建议，并选取可行的尽力扩大新项目，保护其积极性。

②开发餐馆的新菜品的重要目的是获取利润。要培养员工创新意识的最终目的应与企业效益挂勾。所以，餐馆的新菜品的设计和开发必须与顾客心理相吻合。从菜品的“新奇”、“独特”，服务方式的增加和改进等，都能受到顾客的欢迎，客源才会不断增加，企业经济效益也才会不断增长。

员工要想具备创新素质和不断提高创新的意识，除了经营者鼓励和培养外，员工也应不断进取，发扬主观能动性，为企业发展、常做常新做出努力。

七、原料与物品的管理

1. 采购人员的选择

采购人员在餐饮业中又称之谓“采买”。餐馆在运作中的“进”、“销”、“存”三大项工作中，采购的进货工作占其首位。可见采购在餐馆经营中所处的位置是多么重要了。

凡餐馆中的设备、餐具、用品、原料、调味品以及烟、酒等等，无一例外均不能离开采购人员的工作。因此更需要一批既有实践经验，又有工作水平，能吃苦耐劳，任劳任怨的采购人员。以他们的聪明才智，用科学的采购方法，为企业作贡献。采购人员采买、供应工作做的如何，会直接影响到整个企业的生产成本和经济效益。

餐馆天天都要从市场购进大量的原材料和其他物品，如何求得价格合理，质量上乘，最大限度地减少在采购过程中的种种纰漏，除了在管理上和规章制度上狠抓外，挑选采购人员也应慎重从事，也应采取有效措施，坚持对采购员的基本素质和要求。

(1)采购人员必须为人忠诚老实，作风正派，实事求是，事事出以公心。

(2)采购人员应热爱本职工作，认真负责，不怕吃苦，一心为公，能圆满而出色地完成采购工作。

(3)工作踏实，业务精通，有较丰富的商品、原料鉴别能力和知识。能较熟练掌握各种原材料的产地、规格、质量。对于较为贵重的原材料的选择、价格以及原材料的出成率掌握得清楚。深懂行业业务，能与厨师配合默契。

(4)采购人员要有广泛的货源渠道，社会活动能力、应变能力较强，有及时供应一般原料和紧缺原料的能力。保证供应适用、适时、适量。做到企业不缺货、不积压货物，保证一线正常运转。

(5)采购人员应能严格执行有关业内守则和财经纪律，有一定的政策水平和法律知识。不挪用备用资金和转账支票另作他用。账务手续齐备，维护企业经济利益，努力完成好本职工作。

(6)严格按政策办事，不假公济私，不营私舞弊，不徇私情，坚决抵制不正之风，拒收回扣、礼品、私请及小费。

(7)有条件的采购人员，应有驾驶企业运输工具的能力。

2. 确定基本的进货方式

一般中小餐馆的采购人员，在为企业购买食品原料和其他物品时，根据原料的性质不同，使用上急缓程度不同，因而采用的购进方法也多种多样。有时在采购过程中，也常常会遇到购货地点较远，交通工具不便以及临时突发事情的出现，都会给采购人员造成困难。这就需要采购人员因势利导，灵活掌握，采取不同的方式尽心尽力地完成自己的工作任务。

一般采购人员都要根据本企业每天的营业情况和效益好坏程度，对于原料消耗的具体情况和必备的食品，做到心中有数，从而选择不同的采购方式。采购员一是要善于观察，二是要熟悉请购单的具体内容，能做到到货及时，准确无误，质量合格，价钱合理。采购人员平时工作中要拓宽进货渠道，货比三家。为了使本职工作完成的顺利，减少压力，一般采取定时进货、临时进货及电话进货等相结合的方式，不断提高工作效率保证企业各部门用货的需要。

定时进货。一般有经验的采购人员，在定时进货问题上分两部进行：一是对可能提前进货的原料如干货(鱼肚、粉丝、淀粉等)、调味品(番茄酱、干辣椒、白糖等)、烟、酒及备用物品，应在防止过分积压或脱销的情况下，适当提前进货保证库存量。二是保证当日企业各部门所需物品。为保证厨房使用的鲜鱼、水菜、豆制品、鲜活海产品，必须当天早上采购，由于有时间性，为保证原料的新鲜程度必须定时进货。

临时进货。临时进货的采购方法，一般在正常采购之外，是为应对临时出现的特殊情况，必须采取的一种紧急采购方式，这是在一般中小餐馆中难以避免的。这里也分两种情况：一是在头一天厨房请购时忘漏的原料，或是由于业务突变上座率提高导致原料短缺，需要临时采购保证业务正常运转；二是紧急特殊情况发生，急需的原料或物品，比如由于电闸保险丝断裂导致停电，没有备用的材料，急需采购。当企业出现此种需临时进货的时候，采购人员应放下正常的工作，想尽一切办法做好“补救”工作。

电话进货。为了减少采购人员平日亲自去市场或商店采购的压力，除有些货物必须自己经手办之外，可以用打电话的方式进行定货、送货。平时采购人员多选择一些供货商，多记一些供货商的电话、手机号码。并与他们搞好人际关系，在特殊情况下可协助送货上门，以减轻采购人员不必要的劳动强度，达到进货及时保证需求的目的。

外出进货。一般较为上档次的餐馆，由于经营的需要，经常要到原料的原产地进行采购。如较为高档的山珍海味、干货、菌类和野味。为了减少中间环节降低成本，一般到外埠采购的机会较多。尤其大宗的进货，在选择上既直观又可防止假冒，价格上也可便宜。这种定期地外出进货，也是采购员的一种采购方式。这就必须要求采购人员有分辨和识别原材料的能力和知识，不但要保证原材料的质地，还要了解其出成率的多少。

当然在采购的方式上，由于具体情况不同还有很多种，如集中采购、联合采购、定向采购。究竟企业适合哪种方式，还要根据企业的档次、规模和实力，酌情决定和实施。

3. 原材料的验收管理

餐馆进货的验收制度管理得好坏，能检验企业手续制度是否健全。采购人员每天购入的各种原材料或物品，一部分直进直出的鲜活食品和蔬菜类，可直接经检验送入厨房使用。另一部分需要入库的各种货物，都必须执行严格的验收和核查手续。要防止出现所购入的原材料品种、规格、质量和数量与厨师所要求的相差甚远。警惕出现原料的腐烂变质，有害人体健康的假冒伪劣原料进入厨房加工间和库房中。避免造成人为的矛盾给企业的经营成本造成损失。

为了确保餐馆经营成本和利润的收支平衡，保证进、销、存环节上制度的落实，餐馆在坚持进货验收制度上，决不可轻视，更不能走过场。必须认真对待、坚持落实。

在验收时应注意以下几点：

(1)每天必须以请购单为依据，检查当日采购进货情况。验收人员应包括厨师长、库房保管员及采购人员。要认真核对每种货物的质量、数量，共同验收，单据必须与实物相符，对整包装的原料和物品，应按包装上所标重量进行抽样核准，防止货量不符和货票不符现象出现。

(2)在验收过程中应注意：进购的原料货物价格与发货票价格是否一致；定货单上的价格与合同中所定的价格是否一致；验收人员还应掌握好常用原料的价格标准和价格变化，以防供货商从中做手脚。如发现异常和可疑情况，应会同采购人员和有关领导共同处理。

(3)在验收货物时，应由厨师长参加，共同把住原料的质量关。因有些原料的质量会直接影响到成菜的质量，包括菜肴制作后的色、香、味、形的变化。同时也关系到菜肴的成本和售价。另外有些动物性原料在验收时，必须仔细观察其新鲜程度，是否有变质、变色、变味的现象。蔬菜水果是否有不新鲜和腐烂变质现象。新鲜肉类是否有掺水现象。罐头食品有无粘贴商标，有无注明厂家以及生产日期和保质期等，都要仔细检查。

(4)整个验收如能顺利通过上述验收规程，送货方及企业主管负责人应在发货票上签字，以证明进货无误并及时入库保管及时上帐，完成进货的日报工作。

应该注意的是：库房检验员验收时一定要认真坚持账、物相符。验收人员切忌由采购员、厨师长或库管员兼任，避免验收程序不健全。

4. 原料储存与保管

从某种意义上讲餐饮业的货品储存，是原材料、物料、用品及商品，在企业经营过程中暂时存留的一种方式。只有这样才能保障企业不间断的连续经营，保证企业正常物品及原料的吐故纳新，正常运转。

保管应是货品储存的一种技术手段，有了较为合理的储存内容，再加上具体科学的保管办法，餐饮业的库房储存和有效保管方可尽善尽美。

就餐饮业而言，一般储存方式应以库房为主，可分为干货库、保鲜库、冷藏库以及杂货库(物品库或商品库)。档次和规模较高的餐饮业库房会分得更细致，如设有专门的烟酒库、粮食库(粮油库)、瓷器库、玻璃器库等。下面介绍几种较为普遍实用的库房储存和保管的方法：

(1)干货库

干货库一般存放干制后的山珍海味、野味等原料，如干鲍鱼、海参、鱼肚、鱼翅、鹿筋等较为高贵的原料。还有较一般的菌类、干果类以及调味品、紫菜、豆皮等普通干货原料。这些原料均要求放在干燥、通风、温湿度适宜的环境中。一般温度10℃～25℃之间为好，湿度不宜过大，相对湿度不宜超过50%，否则干制品发霉变质造成损耗。对于某些含油脂较高的食品比如核桃仁、腰果、松仁等，夏季易生虫，应封严或经常通风，切忌放到阳光下暴晒，否则会出现变质和产生哈喇味，应以阴干保管为好。

(2)保鲜库

保鲜顾名思义，要求原料的保存温度为冰点以上，保证原料的新鲜程度以便加工待用。中小餐馆中保鲜以四门或六门冰箱为主，一般多用在冷菜间、热菜间、配菜间、面点间等处。经常保鲜的原料有：冷菜的成品或加工后的半成品；配菜间的生鸡、鸭、鱼肉或加工成半成品的新鲜动物性原料和植物性原料；豆制品等。还有存放已加工的熟制品如红烧肉、丸子、白肉等原料；面点的成品点心和可直接入口的馅心等。

为了保鲜防止结冰损坏食品，应注意到保鲜库或冰箱的温度控制在1℃～5℃之间，温度如过高达不到原料保鲜的作用，会因微生物繁殖而使食品腐败变质、变味造成损失。保鲜冰箱一般不宜长期保存食品，使用周期以24小时为宜，所以保鲜食品和原料应勤进勤出，不要积压。

(3)冷藏库

冷藏库存储原料的目的是：其一，在原料旺季或价格相对低廉时，可多进适量的原料冷藏备用。这样既能保证供应和质量，同时也可大大降低成本。其二，为了业务旺季有充分的原料使用，也可适当减少采购人员的购买频率。

由于冷藏保管是采取冰柜冷冻法，温度应设置在－18℃以下，三个月左右可保持其原料的质地、性能、颜色、外观不受影响，所以有条件的中小餐馆应根据自身的条件设法增设冷藏设备。

(4)调味品保管

库管人员在保管调味品时，应特别注意库房内的储存环境。由于是自然保管条件，应随时注意温度和湿度的变化，比如酱油、料酒、醋及食用油类，在高温情况下易腐败变质氧化分解。如湿度过大也会引起一些固体的调味品发潮、结块甚至发霉。比如,白糖、胡椒粉、干淀粉。另外调料保管应分类保存,以防调料之间发生相互污染、串味,影响正常使用。

总之,储存与保管工作是一项技术性较强的工作,既需要实干,更需要科学经验。这里再强调一下应注意的问题:

在卫生方面,食品原料库应注意保持卫生清洁,定期打扫。随时清洁货架,原料应码放整齐,定架、定位并分类放立标签。保证食品库无蚊蝇、无蟑螂、无老鼠。

在安全方面,库管人员应制定和严格执行相应的制度。仓库的门窗应结实牢固,要专人管理专人负责,做到人走窗闭门锁。高级食品价格昂贵的原料,应由领导和仓库管理员双方管理,并用其他办法特殊保存。一般仓库不允许其他无关人员进入,库房内严禁任何人吸烟、随便出入。每天下班前均应仔细检查,锁好门后钥匙应妥善保存,以防物品被盗和丢失。

5. 盘库方法及注意事项

盘库在餐饮业中是盘点库存的简称,也有将盘库称作盘存的。盘库的主要目的是查清和掌握各种食品原料,经过一定经营过程后,实际剩余和储存的真实情况。从而计算成本核算反映结果,得出企业的经营是否亏损、持平或盈利,以达到使经营者心中有数。

对于盘库的具体时间,有一日一清和半月一次的,但都感觉到既麻烦又不切合实际,所以至今餐馆大都采取一月一盘的惯例。

盘库的内容有餐厅厨房内制品、主配料、半成品、动植物和其他方面的原材料、调料、主食、粮油原料以及燃料等。

库房存储的各种各样商品、物品,低值易耗品,以及使用一年以上的各种设备、餐厨具、桌椅等也须盘查。

中小餐馆由于规模不大,第一个月盘库后,能为下一个月盘库打下基础,顺理成章是不会有问题的。具体做法一般由餐馆经理召集库管人员、财会人员和其他需要盘库的各部门人员，分别开展盘库工作。在中小餐馆中基本分库房、前厅和厨房三块实施。盘库时应按原材料保管的部门不同，库房与厨房的原材料应分开，各盘各的。经盘清的原料应填写“原料月盘库表格”交财会部门做为核算依据。

在盘库过程中为了达到真实的目的，要求参加盘库的工作人员应注意做好以下工作：

（1）在企业定好具体盘库时间后，凡参加盘库的有关部门应提前做好盘库的准备工作。当天各部门应尽量不领货，以防影响交接或发生不必要的差错，影响正常盘库工作。

（2）凡未办理正式入账手续的原料，应不算库存原材料，对于未上账的原料要尽快上账，有个别原料已少量领用，则转入下月盘库内容计算。

（3）盘库人员要认真负责，应一人负责核对实物，一人填写“盘库表”，字体要清晰。盘库要到位，不得遗漏或重复计算。对零散实物应检斤准确，不得弄虚作假。

（4）对于盘存燃料或厨房已加工的少量零散的原料，凡不易清点的实际数量可根据情况估算。

（5）在全部盘库工作完成后，各部门主要盘库人员应在盘库明细表上签字，作为财物核算的依据。

6. 必须加强物品管理

一般中小型餐馆，由于店内面积所限，很难有一个像样的库房。更谈不上有专门存放物品和食品的专用场所和专管人员。

餐馆各部门在领取各种物品、食品和原材料时，往往会形成两头紧中间环节松的现象。即在采购上、资金以及价格上较为重视，对人为的盗窃丢失物品较为关心。由于没有建立健全的手续制度和完善的管理方法，长期在物资管理和物品、原材料的发放上出现了许多漏洞和问题。

比如餐馆的物品出现无故短缺；有的设备损坏找不到原因；员工领取的物料不见使用便不知去向等等。要防止企业内部存在跑、冒、滴、漏现象的出现，减少企业的损失。应增强管理力度，企业不分大小均应照章办事，坚决落实物品发放、领取的手续和制度。并且加强各部门人员的岗位责任制，采用专人负责或兼职负责的管理方法，以防物品丢失、浪费和损坏现象的出现。最大限度地降低成本，提高效益。反之，尽管餐馆表面看红红火火，实际费用开支却加大。这需要企业经营者“沙中识金需心细”，善于发现问题，善于解决问题。

现将一些物品丢失与损坏现象介绍一二仅供参考：

(1)物品缺乏管理

比如有人向餐馆借东西，本应向上级请示，待同意后办理必要的手续方可借出，但因制度不健全而出现漏洞。例如甲餐馆由于增加定桌业务，自己店里餐桌又不够用，午间休息时派服务员到乙餐馆找服务员借大圆桌一个、椅子十把。结果乙餐馆的服务员既不作记录，也未向上级汇报，又没有甲餐馆服务员的借条手续，凭空一谈自作主张就把桌椅借走使用，后来一直没有还。由于是乙餐馆备用的桌椅一般不用，时间一长也忘记了此事。这无形中造成了乙餐馆的损失。

(2)造成物品的滥用

由于某些餐馆的物品缺乏专人管理，也会造成物品的滥用，以致损坏浪费。

比如某餐馆的服务员钻企业管理不善的空子，私自把餐厅的新台布铺在宿舍自己的床上当作床单用。还有些服务员长年累月用餐厅餐巾纸当作卫生纸用，等等。

(3)造成设备的损坏

有些餐馆设备无专人负责。管理者对于设备管理又无具体要求，有些员工缺乏必要的自觉性和责任心，造成设备的损坏。

比如某餐馆最近新添了风味品种涮羊肉,因此新增设一台切羊肉片机。午休时几个厨师和服务员由于好奇心,私自开动切羊肉片机,由于不了解其用法和性能,造成了损坏,还差点发生工伤。

以上例子举不胜举,这说明开餐馆在物品、设备上必须建立完善的管理制度,不可掉以轻心。

第一,本部门负责人或指定专人领取日常工作中所用物品,并填写领料单。根据具体情况和需要程度,由上一级部门负责人签字批准方可发放,并办理相应的出库手续。

第二,部门负责人在发放物品时要检查相关人员手中物品的存量。要监督观察发放物品的使用情况,发现问题及时解决。

第三,餐馆的一切设备、物品、杂物、原材料等,必须由专人负责,任何人员无权私自外借。外借物品一般应由餐馆经理审批决定,并履行必要的手续,以防损坏和丢失。

餐馆的一切机械和设备是工作的物质基础,禁止任何与此项工作无关的人员私自动用各类机械加工食品。有关各部门的机械,如厨房的肉片机、绞肉机和前厅的冰块机等要由专人负责,定期保养,保证使用时状态良好。